우리가 몰랐던
동남아 이야기

- 제2권 -
탐욕과 정복의 시대

제2권
탐욕과 정복의 시대

우리가 몰랐던
동남아 이야기

글·그림 신일용

믿고 보는 신일용의 인문 교양만화

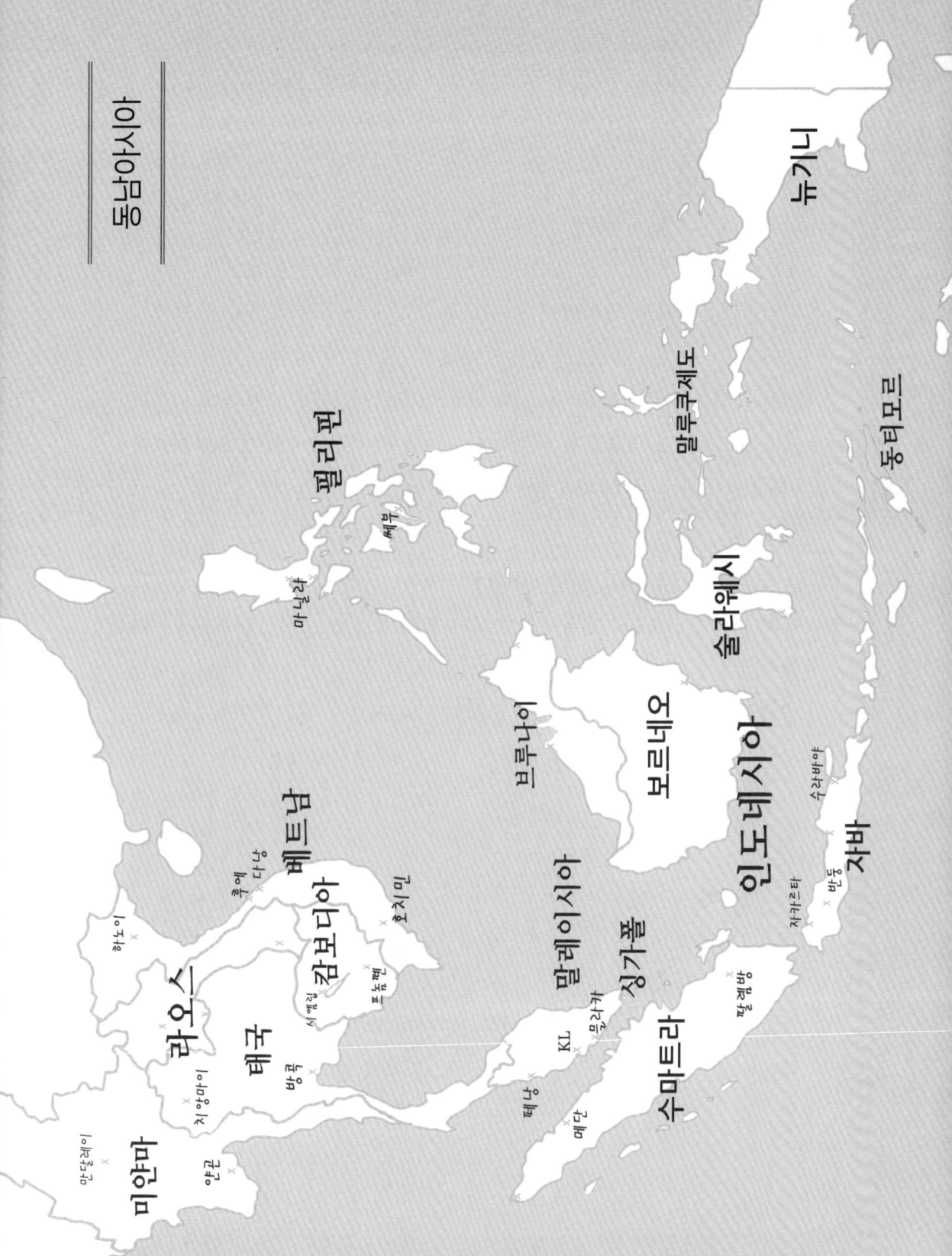

머리말

동남아시아 땅을 처음 밟은 것은 1986년의 방콕 출장이었다. 지금은 인천국제공항에서 출발하여 수완나품공항에 내리지만, 김포공항에서 비행기를 타면 돈므앙공항에 떨어질 때였다. 공항을 나오면서 훅하고 온몸을 덮치던 압도적인 열기를 첫 느낌으로 기억하고 있다. 그 열기는 쑤쿰빗 거리의 수많은 쏘이(골목)들을 채우던 남쁠라 액젓 냄새, 레몬그라스 향기와 어우러져 동남아시아의 첫인상을 이룬다.

그 이후로 수십 년간 동남아를 들락거렸다. 항공 마일리지의 많은 부분은 장거리 노선인 유럽과 미국 출장으로 쌓였지만, 공항 입국심사대를 통과한 횟수로는 단연 동남아시아의 공항들이 가장 잦았다. 특히 1990년대에 싱가폴에 소재한 동남아 지역 본사의 주재원으로 근무하면서 1년이면 6개월은 동남아 여러 나라를 방문하며 집중적으로 이런저런 사람들을 만날 기회가 있었다.

이즈음에 베트남전쟁사의 고전이 된 스탠리 카노우의 『Vietnam, A History』를 만나 일주일 만에 밤잠을 줄여가며 독파하고는 동남아시아의 비장한 역사와 그걸 극복해낸 인간의 역동성에 꽂혔다. 그리고 한국인들의 동남아관에 아쉬움을 갖게 되었다. 많은 한국인이 동남아시아를 턱없이 아래로 보거나 왜곡된 인식을 가지고 있었다. 불과 십수 년 전만 해도 한국이

도대체 어디 있는 나라냐고 묻던 소위 선진국 사람들처럼 말이다.

  동남아는 수천 년간 세계로 열린 공간이었다. 복잡하고 다양할 수밖에 없다. 네 권의 책으로 복잡다단한 동남아 11개국의 모든 이야기를 할 수는 없지만, 전체적인 맥락만은 그려내고 싶었다. 모름지기 이야기의 재미는 디테일에서 나오는 법, 그래서 시간을 들여 나무 하나하나의 줄기와 이파리와 열매를 이야기했지만, 마지막 페이지를 넘긴 뒤에는 큰 숲이 그려지는 그런 책을 쓰고 싶었다. 얼마나 의도가 반영되었는지는 독자들이 판단하실 부분이다.

  하지만 시중에 일반독자들이 흥미를 느끼며 읽을 만한 동남아 관련 서적이 많지 않다는 점에 용기를 얻어 감히 함께 시간 여행을 떠나보자고 초대한다. 이 책이 앞으로 동남아의 담론과 기사들을 만날 때 전후 맥락 위에서 이해하는 데 도움이 될지도 모른다는 기대를 가지고. 적도의 태양 아래서 프란지파니 꽃잎이 날리고 반얀트리가 깊게 깊게 그늘을 드리우는 그곳으로 초대한다.

2022년 1월
분당의 작업실에서
신일용

일러두기

○ 이 책의 서술은 대략적으로 시간의 흐름을 따라가지만 여러 나라를 이야기하는 과정에서 토픽에 따라 연대를 넘어 전후로 오가기도 한다. 읽다 보면 후에 나올 내용이 궁금하거나 전에 이미 나온 부분을 되새기고 싶을 때가 있으리라고 본다. 이건 전작 『라 벨르 에뽀끄』의 독자들로부터 많은 요청이 접수되었던 부분이기도 하다. 중요한 키워드의 경우, 페이지 하단에 다음 예와 같이 표시해두었다.

(예) 폴포트 ➡ 3권 128쪽 (나중에 3권의 128쪽부터 폴포트 이야기가 좀 더 나올 텐데 당장 궁금하다면 먼저 가서 보라는 안내)

해협식민지 ⬅ 1권 280쪽, 3권 155쪽(이미 지나간 1권 280쪽, 3권 155쪽에 관련 이야기가 나왔으니 기억을 되살리고 싶다면 찾아가라는 안내)

○ 복잡다단한 고유명사의 음가를 표현하는 문제는 여러 자료를 종합하여 최선을 다했지만 부족한 점도 있으리라. 이와는 별개로 공식명칭인 미얀마와 버마, 호치민시와 사이공, 양곤과 랭군처럼 여러 가지가 섞여서 사용되는 듯한 느낌을 받을지도 모르겠다. 이는 그 말이 아직 나오지 않았던 시대적 배경을 고려했을 수도 있고(태국 대신 시암을 쓴 경우) 공식적으로는 바뀌었지만, 현지인들이 더 애착을 가지고 상용하는 이름을 따라간 경우도 있다. 요는 의도를 가지고 문맥과 상황에 따라 적절한 고유명사를 쓰려고 했음을 알려드린다.

참고 도서

* 아편과 깡통의 궁전/푸른역사/강희정
* Southeast Asia in World History/Oxford/Craig Lockard
* Crossroads/Marshall Cavendish/Jim Baker
* A History of Modern Indonesia/Cambridge/Adrian Vickers
* A Brief History of Indonesia/Tuttle/Tim Hannigan
* Vietnam, A History/Penguin Books/Stanley Karnow
* Vietnam/Oxford/Ben Kiernan
* From Third World to First/Harper Collins/Lee Kuan Yew
* The Singapore Story/Singapore Press Holdings/Lee Kuan Yew
* A Short History of Laos/Allen & Unwin/Grant Evans
* Decoding Laos/Richard Taylor/InHouse Publishing
* A Short History of Cambodia/Allen & Unwin/John Tully
* A History of the Philippines/The Overlook Press/Luis H. Francia
* A History of the Philippines/Didactic Press/David Barrows
* A History of Thailand/Cambridge/Chris Baker, Pasuk Phongpaichit
* Thaksin/Silkworm Books/Pasuk Phongpaichit, Chris Baker
* The River of Lost Footsteps/Farrar, Straus and Giroux/Thant Myint-U
* Spices, A Global History/Reaktion Books/Fred Czarra
* 그리고 책은 아니지만 위대한 Wikipedia

감사 말씀

전작의 1쇄에서 오탈자가 쏟아져 나와 많은 신고를 받아 후속 인쇄에서 바로잡은 적이 있었다. 이를 안타까이 여겨 기꺼이 이 책의 교정을 맡아주신 최훈근 PD, 이정환 애독자께 감사드린다. 띄어쓰기도 세세히 짚어주었으나 일부는 만화의 공간 문제로 반영되지 않았다. 밥북의 협의 창구로 수고한 전은정 씨에게도 감사드린다.

제1권 바다와 교류의 시대

제1장_ 물과 땅, 동남아의 지정학
제2장_ 사람들, 동남아의 이민사
제3장_ 위대한 제국들
제4장_ 식민지 시대의 서막

제3권 독립과 냉전의 시대

제10장_ 호치민의 투쟁
제11장_ 킬링 필드
제12장_ 말레이시아와 싱가폴의 탄생
제13장_ 수카르노와 수하르토
제14장_ 싱가폴이 사는 법

제4권 부패와 자각의 시대

제15장_ 마닐라 블루스
제16장_ 따머도의 나라 미얀마
제17장_ 뜨거운 방콕
제18장_ 아시아 금융위기, 그 이후

차례   제2권 **탐욕과 정복의 시대**

머리말 / 6
일러두기 / 8

제5장_ 아! 호세 리잘 / 13
제6장_ 버마 흥망사 / 59
제7장_ 개혁군주 출라롱꼰 / 131
제8장_ 남비엣과 인도차이나 / 181
제9장_ 아름다운 시대의 종말 / 273

참고 연표 / 312

제5장

아! 호세 리잘

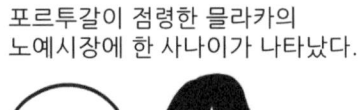

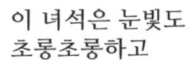

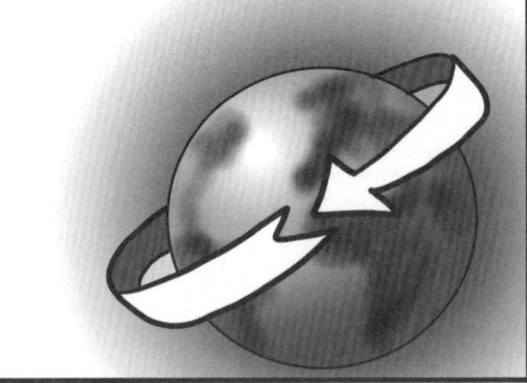

제5장 / 아! 호세 리잘 — 15

- 교황 알렉산더 6세의 디마케이션 ← 1권 232~234쪽

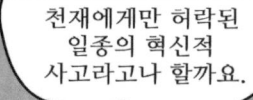

제5장 / 아! 호세 리잘 — 17

바스코 다 가마가 아프리카 남단의
희망봉을 돌아 인도양을 만났듯이
마젤란은 남미대륙의 끝을 돌아
또 하나의 세계를 만났다.

이 바다를 처음 본 유럽인은 발보아이다.

**Vasco Nunez de Balboa
(1475~1519)**

그는 파나마 지협을 가로질러
이 광활한 바다를 맞닥뜨린 것이다.

그러나 바다를 가로질러 태평양을 직접 항해한
최초의 인물은 마젤란이다. 그래서 그가 지나간
남미대륙 남단의 해협을 마젤란 해협이라고 부른다.

파나마 지협에서 바라본 태평양은
대륙의 남쪽 바다로 보였겠지.
그래서 발보아는 South Sea라는
엉뚱한 이름을 붙였다.

— **지협**(isthmus) ← 1권 55쪽

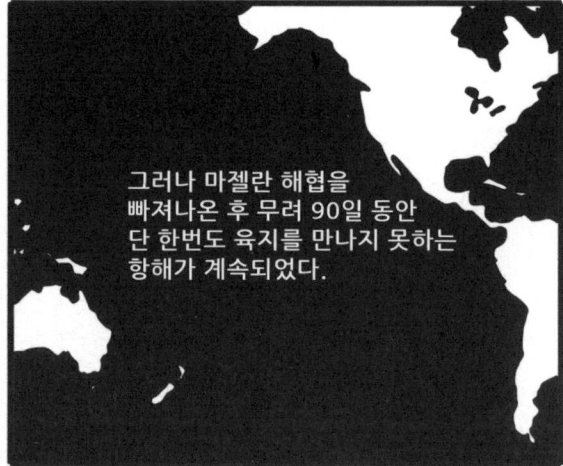

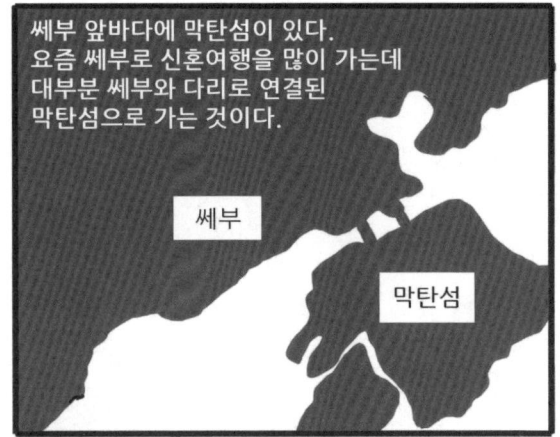

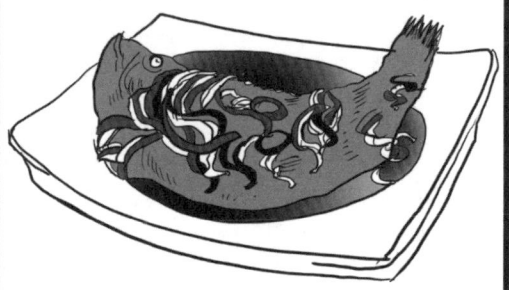

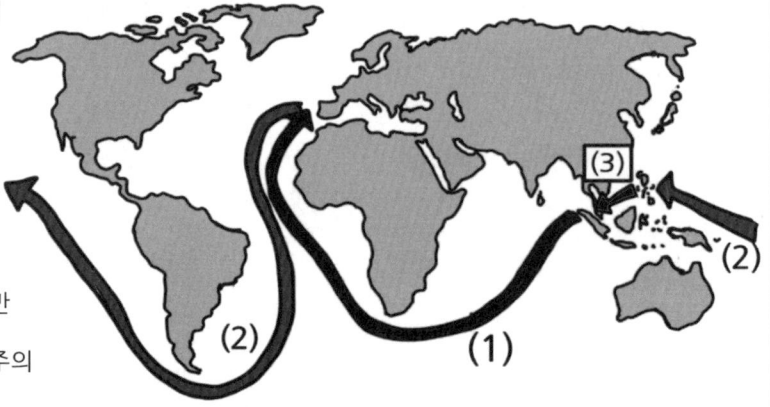

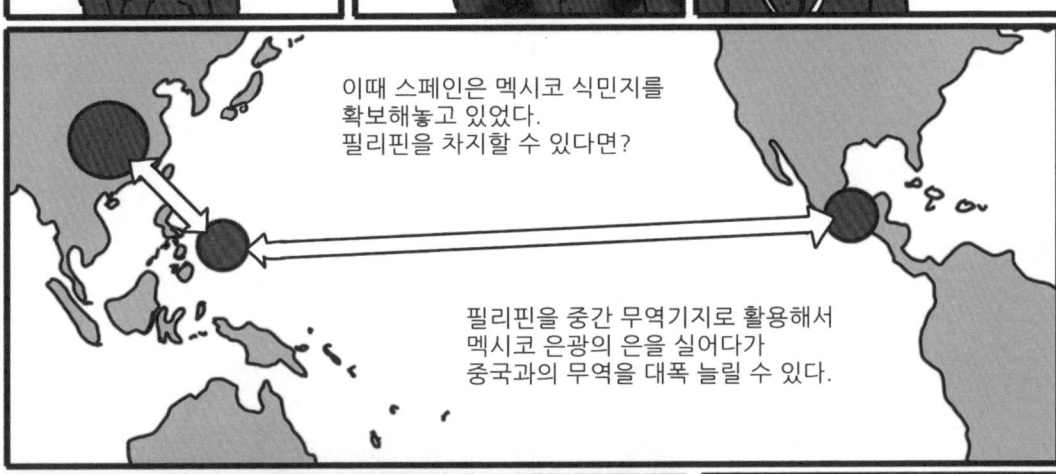

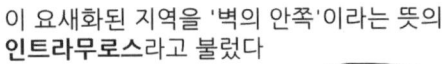

이 요새화된 지역을 '벽의 안쪽'이라는 뜻의 **인트라무로스**라고 불렀다

라틴어니까 넘어갑시다.

Intra (안쪽)
+
muros (벽)

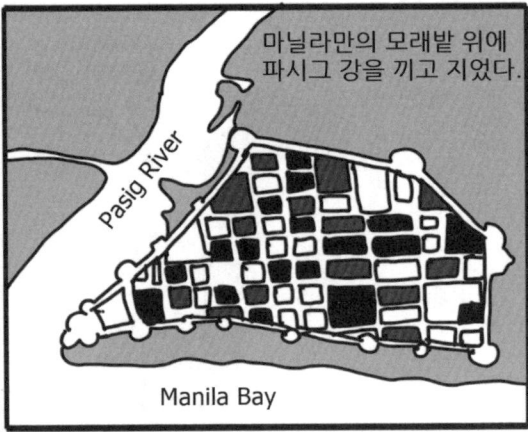

마닐라만의 모래밭 위에 파시그 강을 끼고 지었다.

흔히 마닐라라고 하면 메트로마닐라를 말한다.

루손
메트로마닐라
라구나호수
마닐라만

마닐라만
마닐라
마카티
라구나 호수

메트로마닐라는 1천4백만 인구에 서울 정도의 크기로서 16개의 시로 이루어져 있다. 은행과 오피스빌딩이 집중되어 있는 마카티 정도는 들어보았을지 모르겠다.

하지만 메트로마닐라의 원조는 마닐라만의 석양이 아름다운 마닐라시이다.

메트로마닐라 안에서도 마닐라시, 그 마닐라시 안에 인트라무로스는 원조 중의 원조라고 할 수 있겠지.

16세기에 건설할 때 인트라무로스는 마닐라만에 바로 접해있었지만 그 이후에 바다를 매립하여 항구를 건설했기 때문에 지금은 마닐라 남항이 바다를 가로막고 있다.

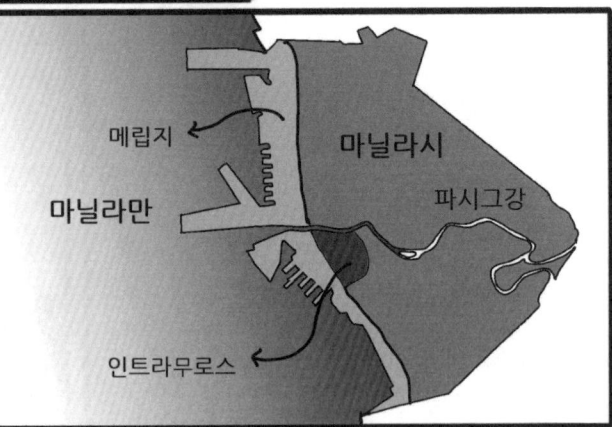

메립지
마닐라만
마닐라시
파시그강
인트라무로스

그래서 당시의 조선기술을 다 쏟아부어서
가장 큰 화물선을 만들었다.
지금으로 치면 1만TEU 이상 규모의
콘테이너선을 건조한 셈이지.

이 때에야 겨우 서양의 배가
150년전 명나라 정허의 배와
덩치가 비슷해졌다.

이런 배들을 **갈레온선**이라고
불렀고 마닐라는 **갈레온무역**으로
번성했다.

와~

장사가 되면 반드시 꼬여드는 사람들이 있지.
인트라무로스에서 파시그강 건너에
차이나타운이 형성되었다.

삽시간에
2만명으로
불어나는군.

일본인촌도 생겨났는데 이 당시 필리핀으로
들어온 일본인 중 가장 유명한 사람은
다카야마 우콘이다.

다카야마 우콘
高山右近
(1552~1615)

제5장 / 아! 호세 리잘 — 29

동남아의 식민지 가운데 카톨릭이 가장 큰 성공을 거둔 나라가 필리핀이다. 포르투갈은 믈라카에서 별 성과를 거두지 못했고,

스페인 출신의 자비에르 성인 같은 에이스까지 지원을 해줬는데...

야마토번의 다이묘 집안이었던 그는 도쿠가와 막부가 카톨릭을 탄압하자 추종하는 교인 3백명을 끌고 왔다.

일본인촌이 있던 파코시에는 이런 입상이 세워져 있다.

프랑스도 베트남에서 어느 정도 성과를 거두었지만 캄보디아에서는 전통불교의 벽에 막혀 참담한 실패를 겪었다.

오늘날 유럽의 이들 카톨릭의 종주국에 가보면 넓고 텅 빈 성당에서 거꾸로 필리핀 신부님들이 집전하는 모습을 쉽게 볼 수 있다.

요즘 세상에 누가 따분하게 신부가 돼요?

카톨릭이 필리핀 식민지 역사와 저항운동에 미친 영향은 매우 독특하다.

스페인인이나 인디오나 하느님 앞에서는 다 똑같습니다.

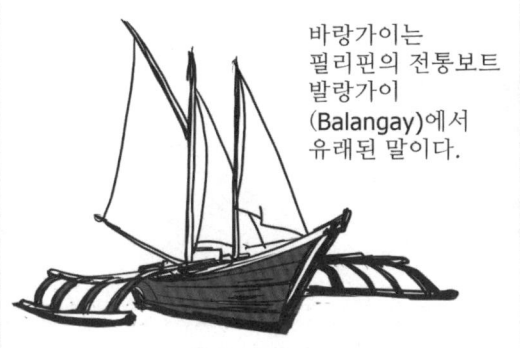

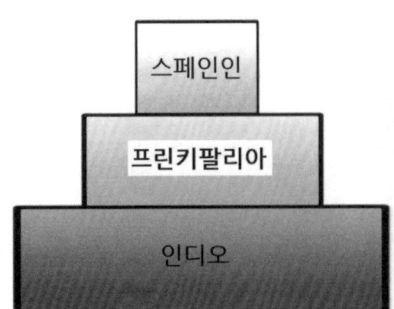

제5장 / 아! 호세 리잘 — 33

인종들 사이에 사랑의 열매가 생겼다. **메스티조(mestizo)**는 스페인어로 혼혈아라는 뜻이다.
스페인인과 인디오 사이의 메스티조,

중국인과 인디오 사이의 메스티조.

메스티조와 **메스티자** 사이의 메스티조.

이래서 필리핀 땅의 인종별 서열은 더 복잡해졌지.

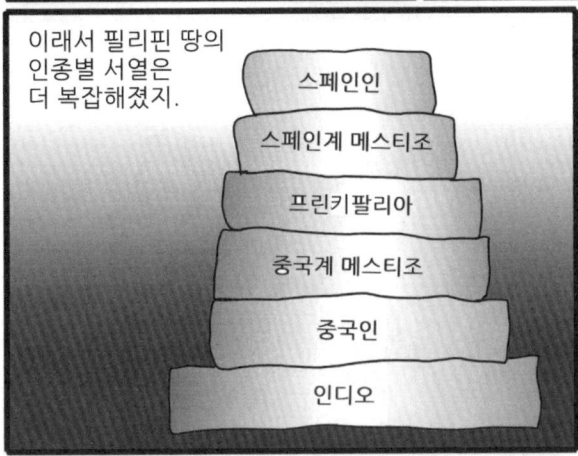

- 스페인인
- 스페인계 메스티조
- 프린키팔리아
- 중국계 메스티조
- 중국인
- 인디오

그런데 이게 끝이 아니었다. 스페인인들은 이슬람을 믿는 원주민을 카톨릭으로 개종한 인디오들과 구별하여 **모로(Moro)**라고 부르며 핍박하였다.

필리핀 군도에서 이슬람은 민다나오를 중심으로 해안가부터 전파되고 있었는데

이슬람 지역은 당시의 필리핀 군도에서 가장 개화된 지역이었기에 스페인 점령군에 가장 강력하게 저항하였거든.

마닐라를 뺏을 때도 애 좀 먹었지.

* 메스티조는 남성 혼혈, 메스티자는 여성 혼혈

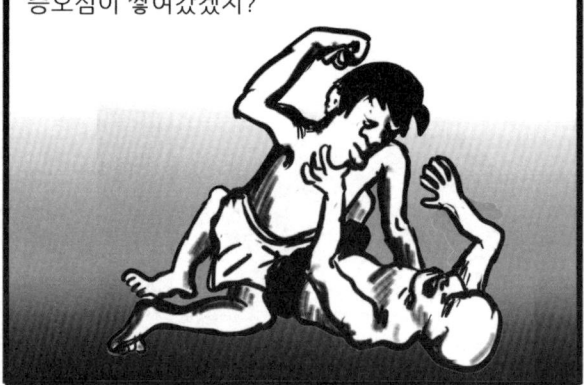

제5장 / 아! 호세 리잘 — 35

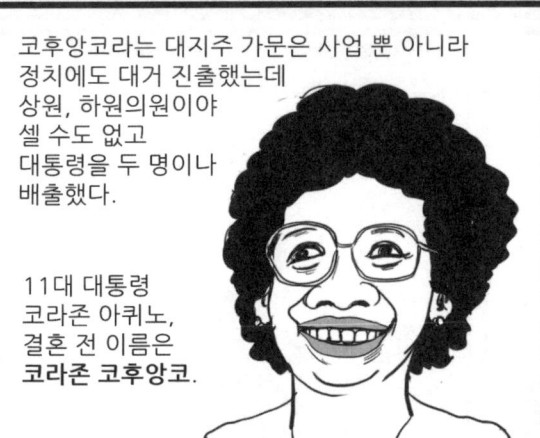

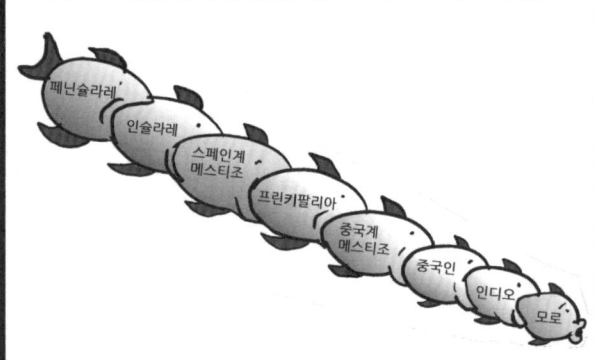

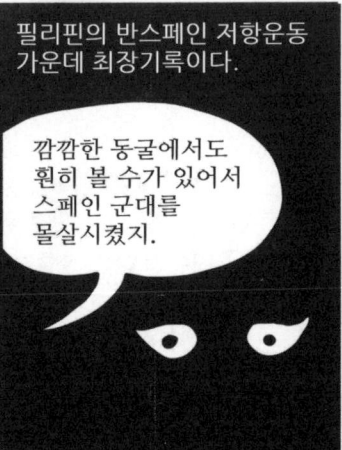

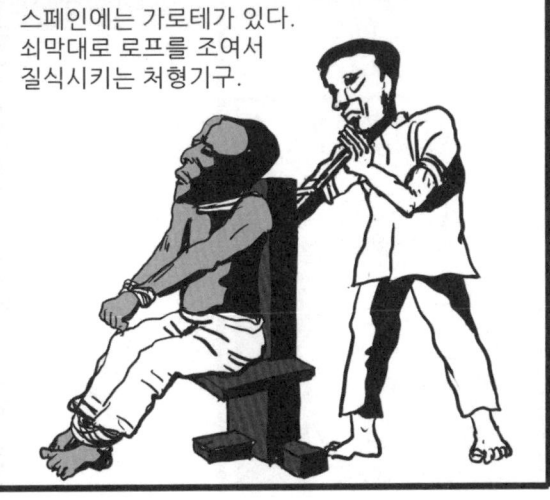

— 스탬포드 래플즈 ← 1권 267~275쪽

제5장 / 아! 호세 리잘 — 49

호세 리잘은 마닐라 남부 칼람바의 중산층 중국계 메스티조 집안에서 태어났다.
어릴 때부터 총명한데다 모친의 교육열이 대단하여 마닐라 유학을 했고

Summa Cum Laude
(최우등상)

대학에서 법학을 공부하다가 의대로 진로를 바꾸었다. 그래서 호세 리잘의 직업은 안과의사이다.

어머니가 시력을 잃어간다는 소식이 왔거든요.

그리고 21세에 마드리드로 유학을 갔다.
인디오로서는 최고의 엘리트 코스를 밟은거지.

당시 유럽은 라 벨르 에뽀끄로 불리는 황금시대였다.
가스등이 늘어선 화려한 거리에 감도는 자유의 향기,
식민지 청년의 감수성은 이 모든 것들을
스폰지 처럼 빨아들였으리라.

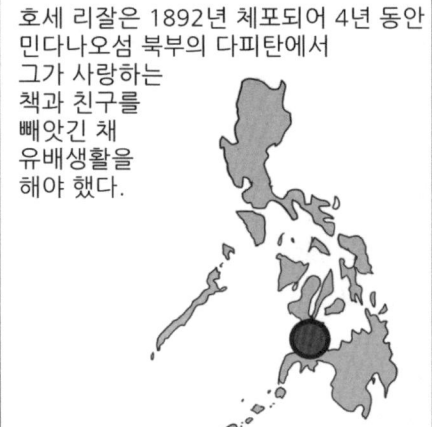

제5장 / 아! 호세 리잘 — 57

Adios, Patria adorada, region del sol querida,
Perla del mar de oriente, nuestro perdido Eden!
A darte voy alegre la triste mustia vida,
...

안녕, 나의 사랑하는 조국, 태양이 쓰다듬는 땅,
동방의 바다의 진주, 우리의 잃어버린 낙원이여,
기꺼이 너에게 나의 슬프고 억눌린 삶을 바치노라.
...

제6장

버마 흥망사

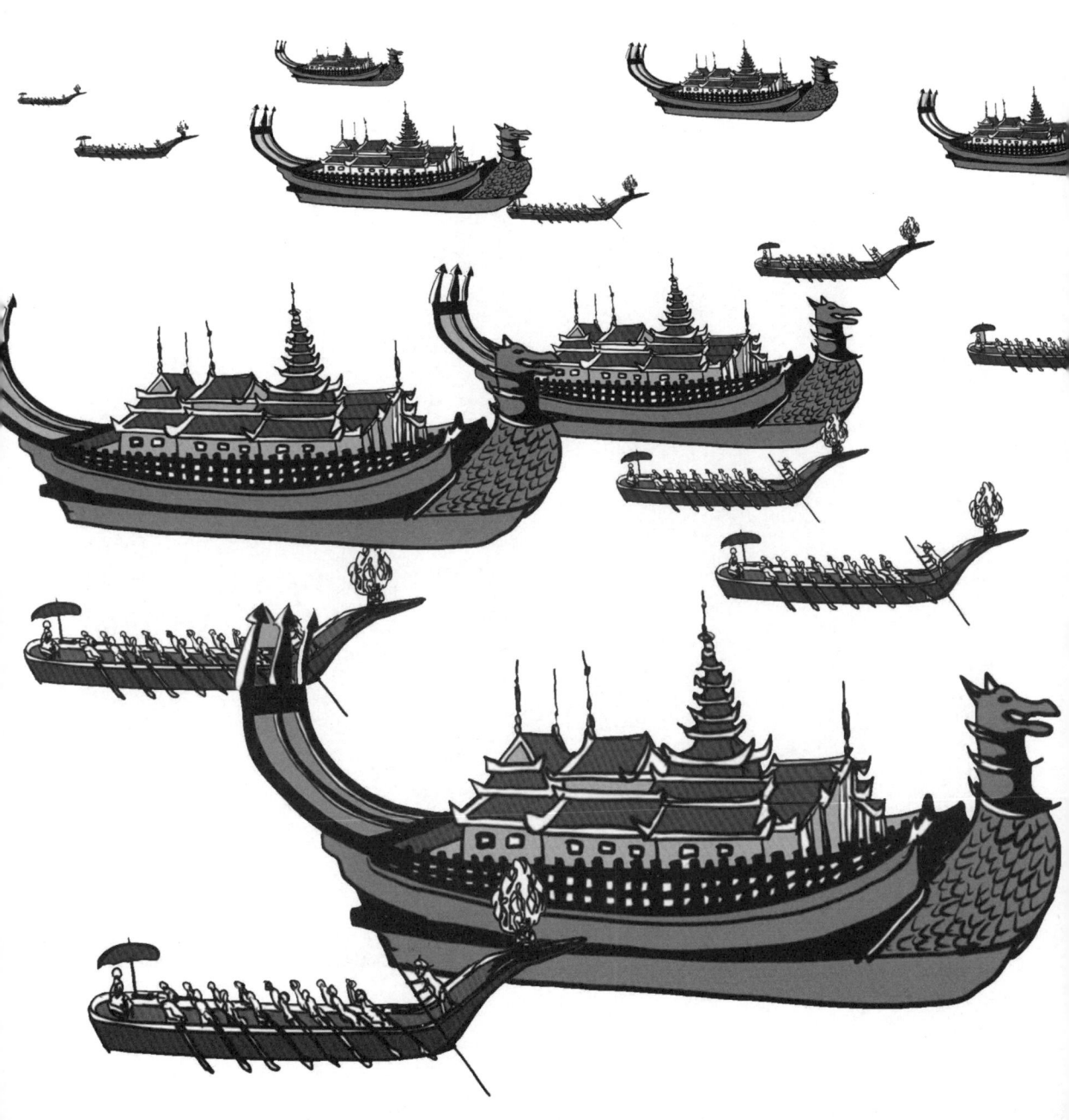

1885년 11월
만달레이의 황금궁전에
한 영국군 장교가
부하 몇 명만을 데리고
나타났다.

버마의 마지막 국왕 티보와 그의 가족은 다음날 소가 끄는 달구지에 실려 이라와디 강에 대기하던 영국 배에 태워져 인도로 추방되었다. 그리고 티보는 영원히 버마땅을 다시 밟지 못했다.

죽어서도 정치적 소요를 우려한 영국은 그의 유해가 버마로 들어오는 것을 막았기에 그의 시신은 아직도 인도 땅에 묻혀있다.

버마 국민들에게 깊은 충격의 기억으로 각인된 그날, 그의 만달레이 황금궁전의 해자에는 연꽃들이 흐드러지게 피어 있었다. 달구지 안의 티보는 연꽃들을 보면서 왕위에 오른 후 7년의 세월 동안 벌어진 일들을 떠올렸을 것이다.

동남아 대륙지역에선 버마, 시암, 남비엣 세개의 강국이 그들 사이에 끼인 크메르와 라오스를 약탈하는 구조가 유지되고 있었다.

그 중에서도 국경이 맞붙은 버마와 시암은 징그럽게도 전쟁을 벌였지.

하지만 19세기 동남아시아에서 가장 강력한 군사강국은 버마였다.
라이벌인 시암(태국)은 버마를 상대로 패권 싸움을 벌였지만 열번의 전쟁이 일어나면 아홉번은 버마의 승리였다.

그러나 버마는 영국의 식민지가 되었고 시암은 일본을 제외하고는 아시아에서 유일한 독립국의 지위를 유지하며 번영하였다.
19세기의 수십년 동안 어떤 일들이 두 나라의 운명을 갈라놓은 것일까?

버마 꼰바웅왕조의 마지막 왕 '티보 민'
Thibaw Min
(1859~1916)

— 버마와 시암의 지정학 ← 1권 54~55쪽

제6장 / 버마 흥망사 — 65

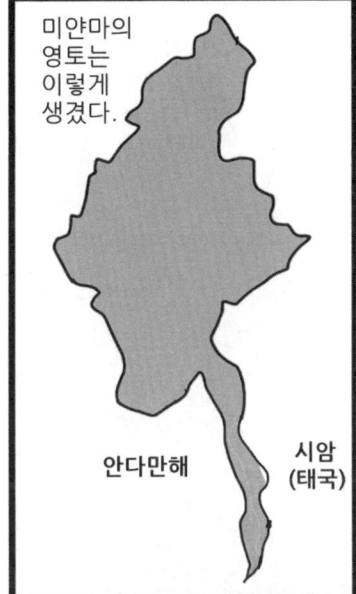

미얀마의 영토는 이렇게 생겼다.

안다만해 시암(태국)

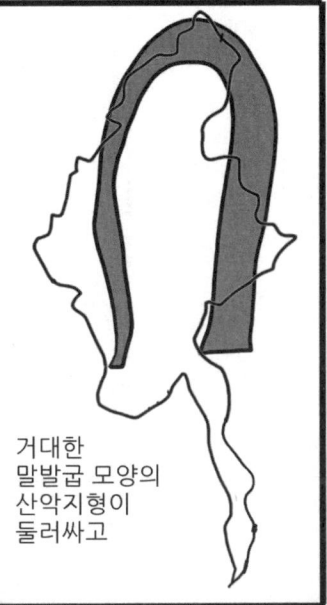

거대한 말발굽 모양의 산악지형이 둘러싸고

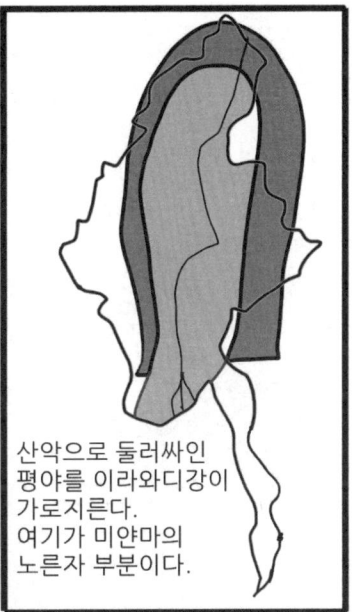

산악으로 둘러싸인 평야를 이라와디강이 가로지른다. 여기가 미얀마의 노른자 부분이다.

오래 전 노른자 평야지대를 차지하고 있던 집단은 몬크메르계 사람들이었다.

Mon-Khmer

그런데 7세기 정도부터 바마어를 쓰는 사람들이 티베트지역으로부터 남하하기 시작했다.

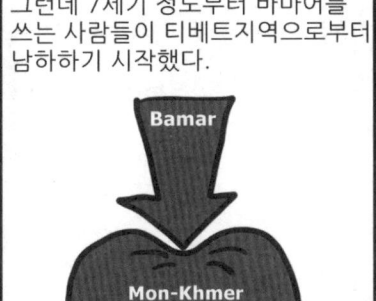

Bamar

Mon-Khmer

바마어를 쓰는 사람들과 몬크메르어계의 각축이 시작되었겠지.

그래서 오랜 기간 동안 노른자 땅의 북쪽은 바마어를 쓰는 버마족, 남쪽은 몬크메르어계의 영향력 아래 있었다.

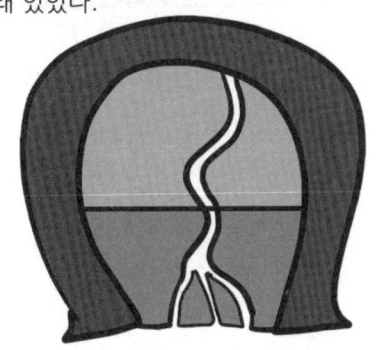

남쪽과 북쪽은 기후부터 상당히 다르다. 북쪽은 우기를 제외하곤 미국 서부같이 건조한 날들이 계속되지만 남쪽은 전형적인 열대우림기후라서 진짜 맛있는 듀리안과 질좋은 티크는 역시 남쪽에서 나오지.

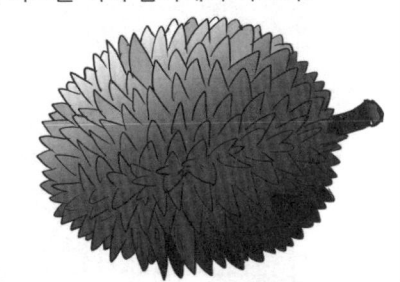

- 듀리안 ← 1권 146~149쪽

이 바간이라는 왕조가 왜 중요하냐면
여러 면에서 오늘날 미얀마의
원형이며 기준이 되었다는 점이다.

우선 최초로 버마족을 주인공으로
하는 통일국가를 건설했고
소승불교를 받아들여
불교국가 미얀마의 출발점이
되었다.

또한 바간왕조 때
지금의 미얀마 영토의
모양을 갖추게 되었다.

지형을 볼 때 이렇게
산지를 경계로
국경이 그어지는게
상식적이다.

그러나 아노라타의
야심은 더 컸다.

아노라타는 두가지 특이한 진출을 감행했다.
하나는 말레이반도 쪽으로 남하하여
테나쎄림 지역을 정복한 것이고
또 하나는 서쪽으로 험준한 산맥을 넘어
아라칸 지역을 정복한 것이다.

둘 다 보급선도 길어지고
엄청난 희생이 따르는
프로젝트인데
사업타당성 계산이
나왔을까?

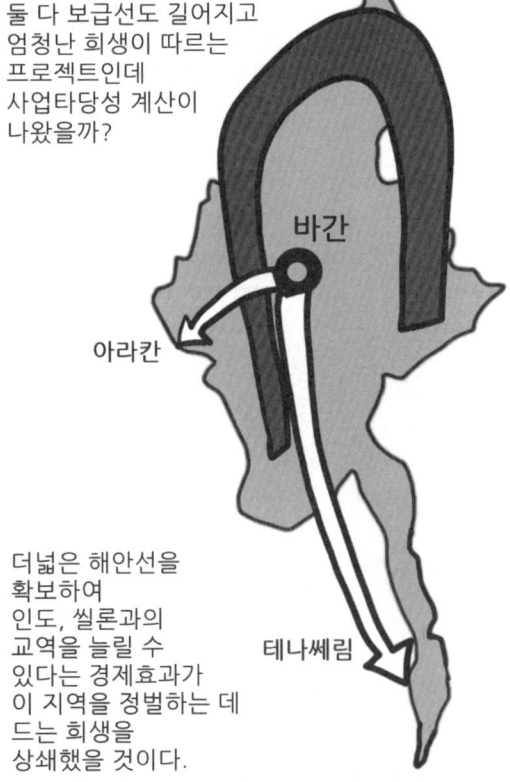

I'm still hungry.

더넓은 해안선을
확보하여
인도, 씰론과의
교역을 늘릴 수
있다는 경제효과가
이 지역을 정벌하는 데
드는 희생을
상쇄했을 것이다.

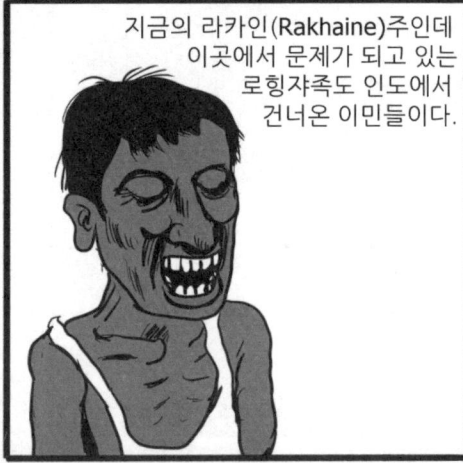

- 로힝쟈(발음) → 4권 137쪽
- Kra 지협 ← 1권 55쪽

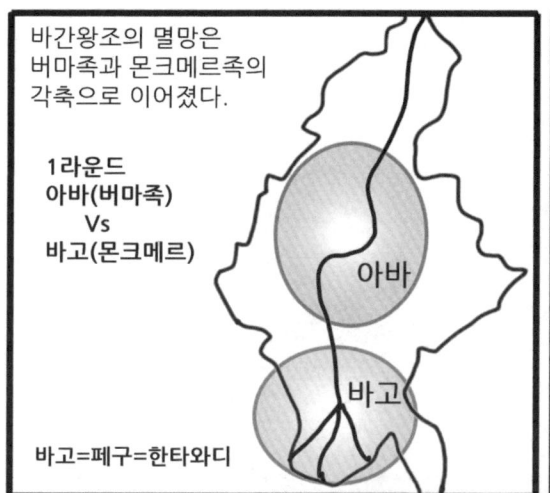

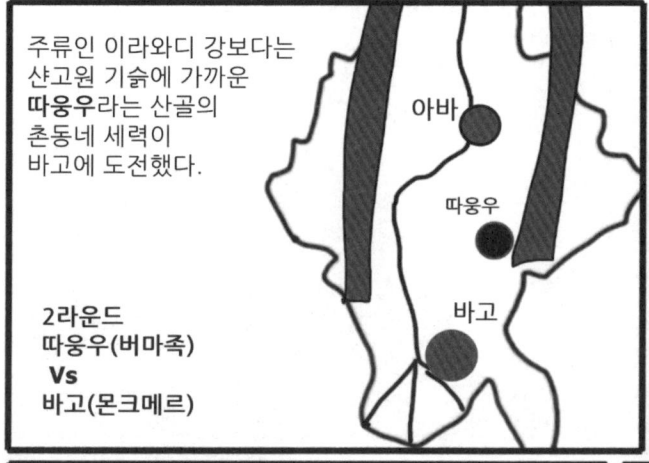

타빈쉐티와 바이나웅은 동갑에다 바이나웅의 누나가 타빈쉐티의 왕비가 되었으니 처남매부 사이이다. 타빈쉐티는 따웅우의 왕, 바이나웅은 국방부장관에 참모총장이었는데 이 둘의 콤비로 따웅우는 바고를 거의 무너뜨리고 이라와디강 유역의 통일을 눈앞에 두게 되었지.

Tabinshwethi (1516~1550)

Baynnaung (1516~1581)

호사다마인가, 이런 녀석이 나타났다.

따웅우는 전력열세를 보강하기 위해서 북쪽의 유민도 많이 받아들였고 고아에 근거지를 두고 있던 포르투갈로부터 용병도 많이 수입했더랬다.

고아

여기에 묻어온 이 기생오라비는 재주가 많았다.

짜잔~ 30초만에 총기분해 끝.

총기 다루는 솜씨도 능숙하고,

조립은 분해의 역순이라 이겁니다.

차 작

호오~

제6장 / 버마 흥망사 — 73

어쨌든 바이나웅 장군, 아니 따웅우 왕조의 바이나웅 대왕은 버마 역사상 가장 영광스러운 정복시대를 이끈 정복왕으로 추앙받는다.

버마 근대사에서야 이 양반이 단연 최고의 대접을 받지만

아웅산
(1915~1947)

근대사 이전 버마족의 3대영웅이 있는데 바로 바간왕조를 세운 아노라타, 지금 이야기하고 있는 바이나웅, 그리고 앞으로 나올 꼰바웅왕조를 세운 알라웅파야, 이 세 사람이다.

바간왕조의 아노라타가 오늘날 미얀마 영토의 틀을 만들었다면 따웅우왕조의 바이나웅은 버마의 세력을 최고로 넓힌 동남아의 콩퀴스타도르였다.

바이나웅은 리더쉽도 있었지만 개인적인 무용도 출중했나보다.

제6장 / 버마 흥망사 — 77

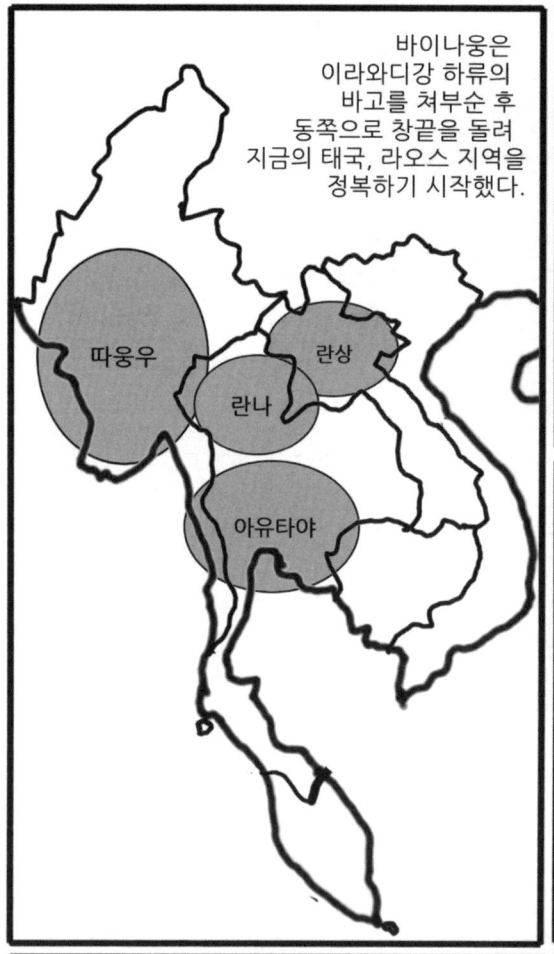

바이나웅은 이라와디강 하류의 바고를 쳐부순 후 동쪽으로 창끝을 돌려 지금의 태국, 라오스 지역을 정복하기 시작했다.

란나, 란상에서 '란'은 큰 숫자를 의미한다. 뭐 백만 정도. '나'는 쌀농사를 하는 논이니 '란나'는 백만개의 논이란 의미가 되지.

쌀 많이 나는 부~자 나라다 이거쥬.

태국북부의 관광도시 치앙마이, 이곳을 중심으로 발전했던 왕국이다.

연중 20~30도라니 여긴 날씨가 괜찮군.

풍족하다 보니 공예가 발달한 모양이지. 버마가 자랑하는 윤(Yun)이라는 칠기공예는 란나의 것을 이름째로 약탈해온 것이다.

임진왜란 때 조선의 도공을 잡아가서 도자기 기술을 발전시킨 일본과 비슷한 거지.

제6장 / 버마 흥망사 — 79

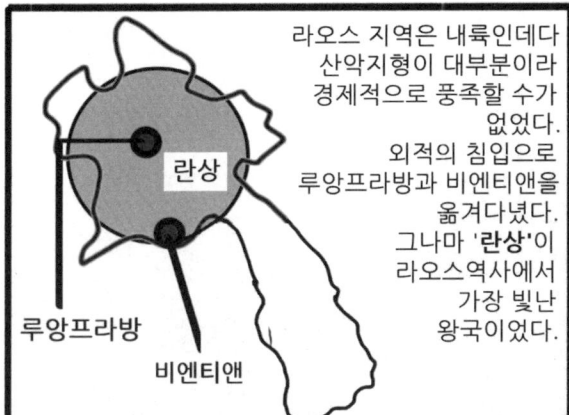

라오스 지역은 내륙인데다 산악지형이 대부분이라 경제적으로 풍족할 수가 없었다. 외적의 침입으로 루앙프라방과 비엔티앤을 옮겨다녔다. 그나마 '란상'이 라오스역사에서 가장 빛난 왕국이었다.

그러면 란상의 '상'은 무엇일까?

장기판에서 상(象)이 뭐지?......코끼리.

당시 전쟁에선 코끼리가 오늘날의 전차처럼 쓰였으니 훈련된 코끼리의 숫자는 국력과 군사력을 상징했다. 백만마리의 코끼리 '란상'은 이런 말을 하고 싶었을거야.

GDP는 작아도 군사력은 꽤 세니까 제발 좀 건드리지 말라구.

라오스와 태국은 같은 타이어계라 대충 통한다고 했었지? 코끼리를 라오스어로는 상(Sang), 태국어로는 창(Chang)이라고 한다.

그렇다면 라오스어 상이나 태국어 창은 중국어에서 유래했을까? 그 반대일 것이다. 중국인들이 동남아에서 코끼리를 부르던 이름을 듣고와서 수입했겠지.

태국에 코끼리표 맥주 창 비어가 있잖아.

코끼리 상

- 타이어계의 분포 ← 1권 107~108쪽

란상은 바이나웅의 공격에 수도를 내주고 게릴라전으로 맞섰다. 하지만 바이나웅의 주타겟은 따로 있었다.

타도! 아유타야!

방콕에서 짜오프라야강을 거슬러 북쪽으로 60km정도 올라가면 아유타야라는 도시를 만난다. 이곳을 중심으로 하던 아유타야왕국. 버마족에 맞서는 타이족의 대표세력이었다.

바이나웅은 이렇게 시비를 걸었다고 한다.

백상은 염색소가 결핍된 알비노 증세의 코끼리이지만 동남아에서는 왕의 위엄을 상징하는 신성한 동물로 취급되었다.

아유타야가 우리와 친선을 유지하고 싶다면 백상 네 마리를 보내라!

백상이 그려진 깃발을 19세기말 시암의 국기로 쓸 정도였으니 백상 네마리를 내놓으란 건 쉽게 풀어서 말하면 이런 얘기다.

모두들 보는 앞에서 눈 깔고 무릎 꿇으라

제6장 / 버마 흥망사

죽을 때 죽더라도 거부했지. 1563년 바이나웅은 아유타야를 쑥대밭으로 만들고 왕족들을 줄줄이 묶어서 버마로 데리고 갔다.

동쪽 정벌을 마친 후 바이나웅은 서쪽 산맥 너머로 진출했다.
마니푸르를 점령한 후 아라칸을 공격하던 중 1581년 66세의 나이에 병사하는데 죽기 직전까지 넓혀놓은 버마 따웅우왕조의 세력권은 이러하다.
벵갈만 건너 씰론까지 바이나웅의 세력권이었다는 주장을 하기도 한다.

바이나웅의 화려한 정복사업은 상무정신, 군사제일주의의 DNA를 물려주었지.

"눈 안 깔아?"

하지만 강한건 자칫 부러지기 쉬운 법. 버마의 이런 전통이 유럽제국주의가 들어올 때 시암처럼 국제정세에 유연하게 대처하지 못하는 결과를 낳았다고 본다.

"이래봬도 말이지. 우리 할아버지 때는 말이지..."

- 나레수안 ➡ 133~134쪽

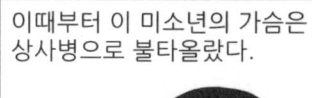

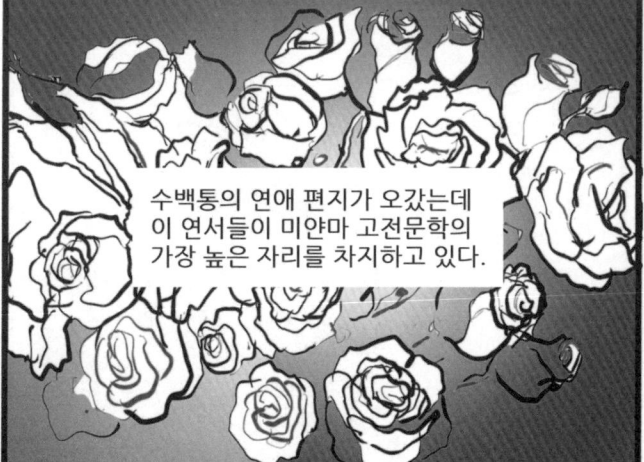

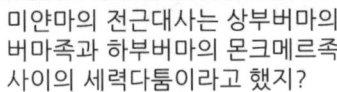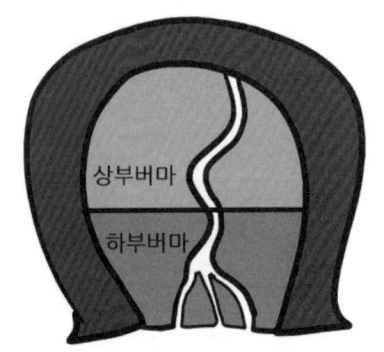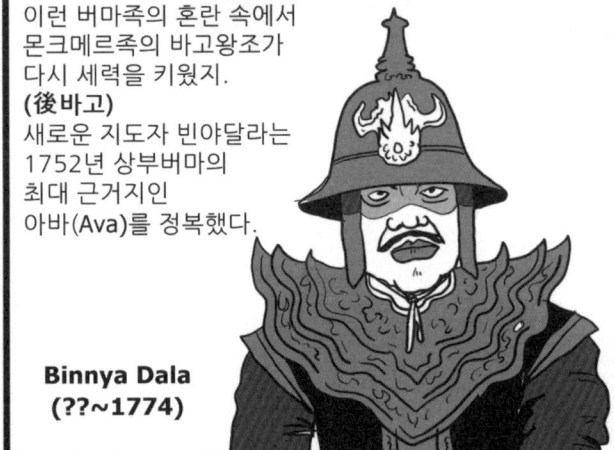

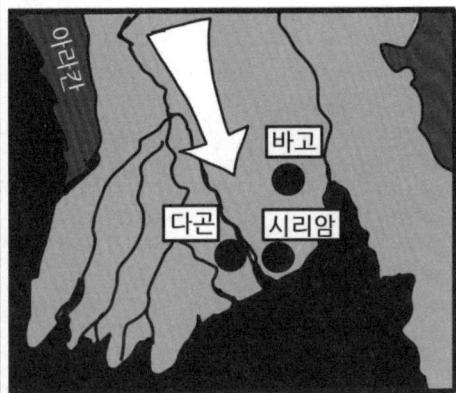

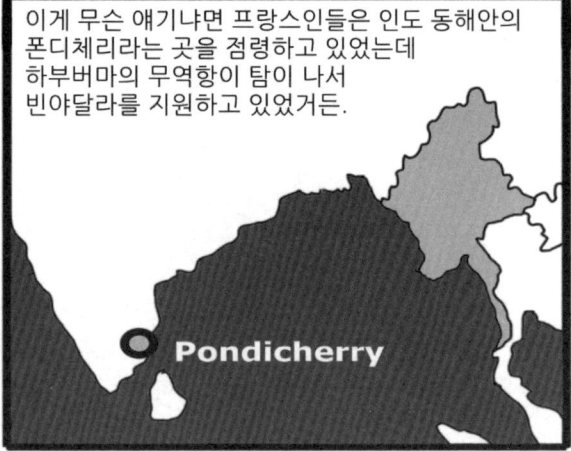

제6장 / 버마 흥망사

황금부대는 몬순 폭우 속에서 성벽을 올라 백병전 끝에 시리암 성문을 열었다.

황금부대가 보여준 용맹성은 제쳐놓더라도 두가지 기록이 흥미롭다.

첫째는 93명의 결사대에 모든 신분의 장교와 사병이 참여했다는 점이다. 신분을 초월한 부대구성은 이 시대에 매우 파격적인 사례였다.

둘째는 전리품의 배분방식이다. 촌동네 목소보의 병사들은 세련된 국제무역도시의 화려한 보물에 넋이 나갈 정도였는데,

아웅제야는 전리품을 살아남은 20명과 73명의 전사자 가족에게 분배하였다.

당연한 거 아닌가?

그 시대의 잣대를 고려해서 봐줬으면 하오만. 왕과 귀족들이 다 독식하던 시대였다는 점을...

뭔가 발전하고 상승하는 시대에만 볼 수 있는 파격들이었다고 생각한다.

빈야달라에게는 이제 마지막 보루 바고만 남았다.

공주를 예쁘게 치장해서 보내 보자!

하지만 아웅제야는 자비를 베풀지 않았다. 빈야달라의 화해 제의를 거부하고 1757년 기어이 바고를 점령한 다음 철저히 약탈했다.

이게 미얀마를 양분하던 몬크메르족의 마지막이었다. 살아남은 자들은 시암으로 도망가거나 버마족과 동화되었다.

오늘날에는 미얀마 7대 소수민족의 하나로서 이라와디강 하류의 요지에서 밀려나 변두리를 근거로 인구의 2% 남짓을 차지하고 있을 뿐이다.

Mon State
몬주

그리고 스스로도 아웅제야(승리자)에서 격을 높여 **알라웅파야**(미륵불)로 이름을 바꾸었다.

이 알라웅파야가 아노라타, 바이나웅에 이어 미얀마 3대영웅으로 불리우며 마지막 왕조인 꼰바웅왕조를 창건한 인물이다.

Alaungpaya
(1714~1760)

사냥꾼 두목(목소보)은 조금 거시기 하네. 황금빛 두목으로 바꾸자. 이제부턴 쉐보(Shwebo)라고 불러줘.

시리암은 딴린으로 이름이 바뀌었고 아웅제야의 고향도 목소보(Moksobo)라는 이름으로는 지도에서 찾을 수 없다.

— 미얀마 소수민족의 분포 ➜ 4권 137쪽

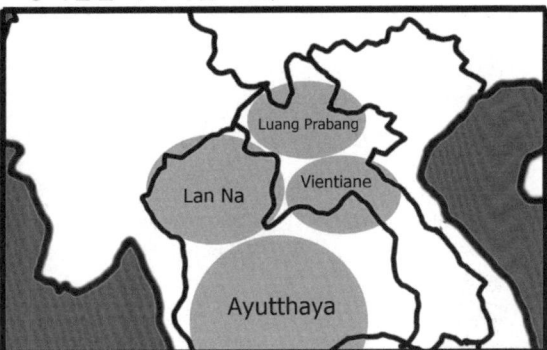
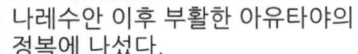

역사상 버마와 시암은 징그럽게도 전쟁을 벌였는데 근대 이전까지는 버마쪽의 압도적 우세였다.

왜 그랬을까? 아무래도 시암보다 서쪽에 위치해서 유럽인들의 신무기를 공급 받는데 유리했던 지정학적 잇점도 한 몫 하지 않았을까? 당시 유럽 상인들은 인도를 근거지로 무기 판매로 대목을 맞고 있었거든.

그런데 이 지정학이 19세기말에는 태국에 유리하게 작용해 한 나라는 독립을 유지하고 한 나라는 식민지가 되고 만다.

이것도 역사의 기구함이랄까?

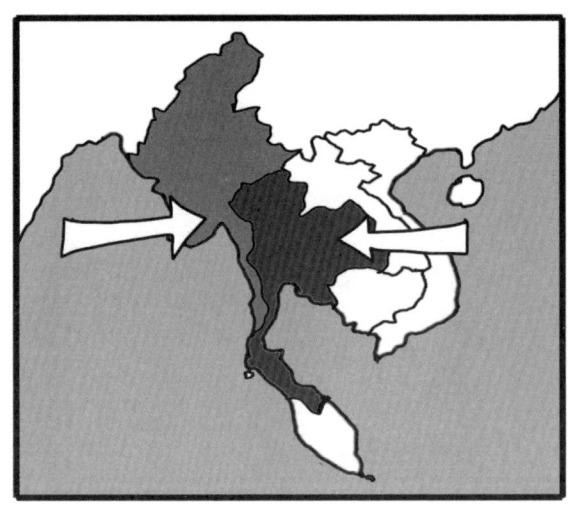

아유타야가 멸망한 후 혼란을 거쳐 시암에는 **짜끄리 왕조**가 세워졌다.
우연하게도 동남아 대륙지역의 3강인 버마, 시암, 베트남에서는 18세기말에서 19세기초에 걸쳐 2, 30년의 터울을 두고 마지막 왕조들이 세워졌지만 아직까지도 건재한 왕조는 태국의 짜끄리 왕조 뿐이다.
이들이 근대화의 길목에서 벌이는 경쟁과 외세를 맞아 투쟁하는 19세기 후반의 이야기들은 참으로 흥미진진하다.

버마	시암 (태국)	베트남
1752년 알라웅파야 **꼰바웅왕조를** 세우다.	1782년 **짜끄리왕조의** 라마 1세 왕위에 오르다.	1802년 지아롱, **응웬왕조를** 열다.
1885년 마지막 왕 티보 영국인들에게 인도로 쫓겨나다.	현재 라마 10세가 입헌군주로 군림하고 있다.	1955년 유명한 바람둥이 마지막 왕 바오다이. 이용만 당하다 물러나다.

동남아라는 지역이 인도와 중국의 사이에서 두 거대문명의 영향을 받았다고 하지만 물리적으로 중국과 인도 두 나라 모두에 국경을 접하고 있는 나라는 미얀마 밖에 없다.

버마가 왕성하던 시절에는 인도의 마니푸르나 아쌈까지 쳐들어갔다. 이게 나중에 영국과 분쟁의 불씨가 되기도 하지만...

이 당시 버마가 얼마나 강력한 나라였는지 18세기말 일어난 청나라와의 국경분쟁 이야기부터 먼저 하자.

중국의 현재 영토는 아이러니칼 하게도 이민족인 만주족들이 다 늘려놓은 것이다.
그것도 건륭제 시대에 거의 이루어졌다.

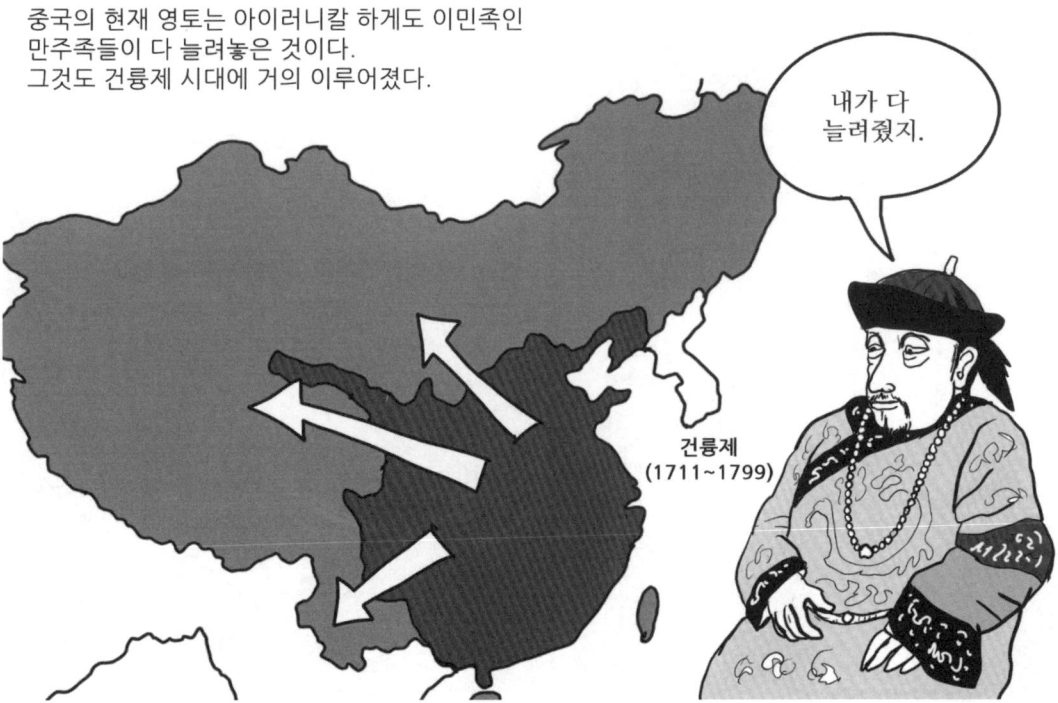

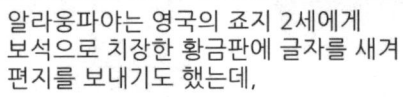

제6장 / 버마 흥망사 — 95

제6장 / 버마 흥망사 — 99

19세기 버마의 전성기에 또 하나의 강대국을 맞닥뜨리게 된다. 일찌기 경험해보지 못한 새로운 적, 영국이었다.

버마는 조선처럼 문란한 말기증세를 보이는 빌빌한 나라로서 유럽을 상대한게 아니다. 최전성기에 유럽세력을 만난거다.

우린 청국도 이겼는데 영국쯤이야.

그리고 듣자하니 나라도 아니고 동인도 뭔가하는 회사라며?

물론 버마도 계속되는 승전으로 조금 느슨해져 있긴 했다. 왕이 직접 전쟁에 나서던 상무적인 전통이 사라졌고

그런 일들이야 전문가에게 맡기면 되지.

문화선진국 아유타야나 아라칸에서 잡아온 예능인들로 버마 궁정문화가 좋게 말하면 세련되고 나쁘게 보자면 문약한 풍조에 물들기 시작했다.

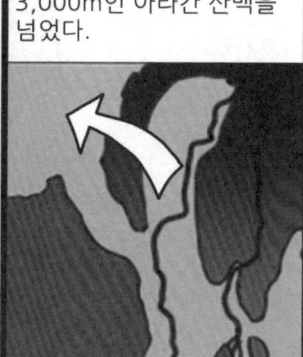
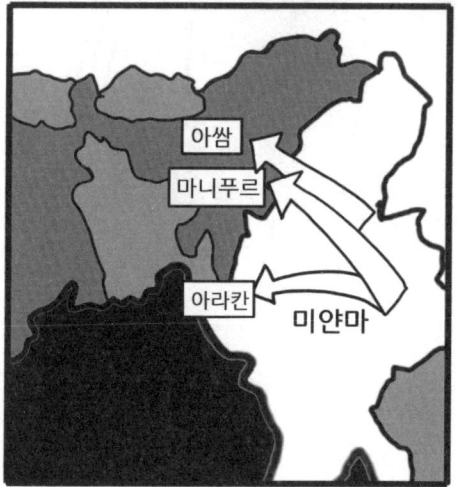

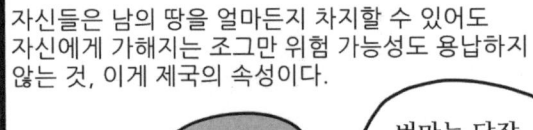

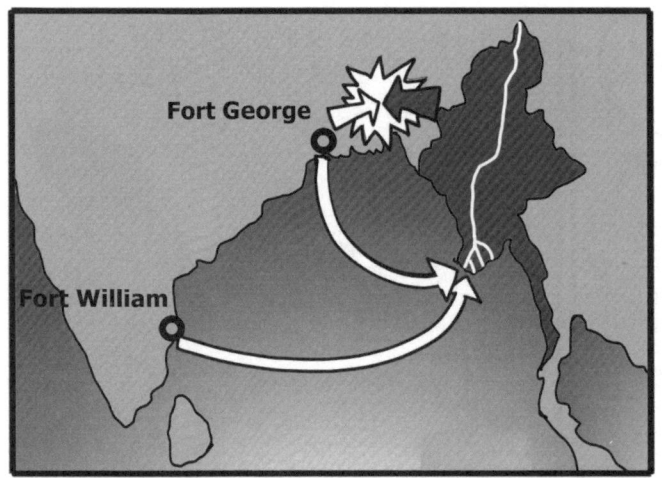

1824년 5월, 캘커타의 포트죠지와 마드라스(지금의 첸나이)의 포트윌리엄에서 발진한 1만명의 영국군 상륙부대가 이라와디강으로 들어와 얀곤을 기습적으로 점령했다.

버마의 주력부대는 마니푸르 전선에 투입된 상태. 반둘라는 이들을 이끌고 급히 버마 본토로 돌아와 얀곤의 영국 상륙군을 막아야 했다.

반둘라의 부대가 전선에 나타난 것 같습니다.

그럴리가 없어. 지금 같은 몬순우기에 아라칸 산맥을 이렇게 빨리 넘어오는 건 불가능하다네.

기적과 같은 대군의 기동이었다.

아라칸 산맥의 절벽을 열대의 폭우 속에서 밤새워 넘으며 수많은 병사가 굴러떨어지는 희생을 치렀으리라.

조국이 우리를 기다린다.

1825년 3월 양곤 근처의 전투에서 반둘라가 전사한 것도 박격포의 파편에 의한 것이었다. 군사전문가들은 이런 이야기를 한다.

화력에서 상대가 안되는 버마군은 정규전이 아닌 게릴라전을 택했어야 했다고.

그러나 반둘라는 1대1로 맞붙는 정규전 맞대결을 택했다. 유럽제국이 아시아를 침략하면서 경험한 가장 혹독한 정규전이었다.

그건 자신감 때문이었을까, 아니면 버마군인으로서의 자존심 때문이었을까? 마지막 전투 당시에 반둘라가 한 연설에서 그의 생각을 엿볼 수도 있을 것 같다.

반둘라의 연설대로 그와 그의 부대는 버마 전투정신의 상징으로 남았다. 결국 패배했음에도 불구하고 전성기 대영제국에 수만명의 피해를 안긴 무모하고도 장렬한 전투로 인해 그는 버마인들에게서 아노라타, 바인나웅, 알라웅파야와 동급의 존경을 받고 있다.

우린 이 전투에서 패배할 수도 있다. 그건 우리의 운명이라고 받아들이자. 최선을 다해 싸우다가 적에게 우리의 목숨을 내어줄 수는 있다. 그러나 용기와 투지가 부족해서 존엄을 잃고 모욕을 당하는 것만은 참을 수 없다. 우리는 버마의 끝없는 전투정신의 상징이 되어야 한다.

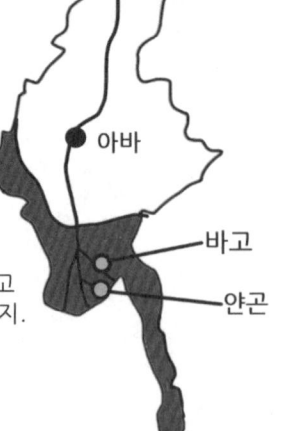

제6장 / 버마 흥망사

19세기말 구미의 위협 속에서 아시아의 여러나라가 근대화개혁을 시도했다. 대표적 성공사례가 15세의 소년을 앞세운 1868년 일본의 메이지유신.

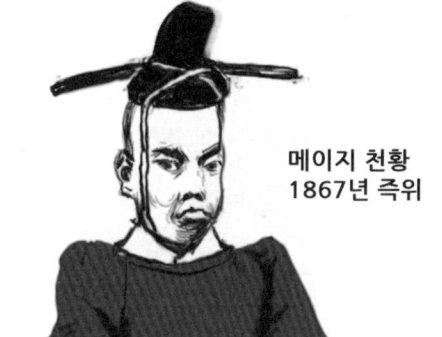

메이지 천황
1867년 즉위

그러나 대부분의 아시아 국가에서 개혁은 실패로 돌아갔다. 대표적인 실패사례가 1898년 청나라의 광서제가 캉유웨이, 량치차오를 등용하여 벌인 무술변법.

광서제 캉유웨이 그의 제자 량치차오

보수파 서태후의 반격과 위안스카이의 배신으로 100일만에 막을 내렸다.

서태후 위안스카이

동남아의 경우, 시암의 라마5세 출라롱꼰의 개혁이 시암을 동남아에서 유일하게 독립국으로 남게 한 성공사례였다.

출라롱꼰
(1853~1910)
1868년 즉위

하지만 시암보다 앞서 개혁군주가 등장한 나라가 버마였다.

Mindon
(1808~1878)

영국에게 하부버마를 빼앗긴 다음해인 1853년 버마 궁정에서 쿠데타가 일어났다.

형님, 조국을 위하여 물러나시죠.

민돈과 이복동생 카나웅이 또 다른 이복형제인 바간을 하야시킨 것이다. 민돈과 카나웅은 환상적 개혁콤비였다.

나는 정치와 외교를 맡고

저는 행정과 군사를 맡죠.

우선 수도를 만달레이로 옮겼다. 흔히들 만달레이를 경주 같은 고도로 생각하는데 사실은 역사가 200년도 안되는 도시이다.

메이씨백화점과 1857년생 동갑이다.

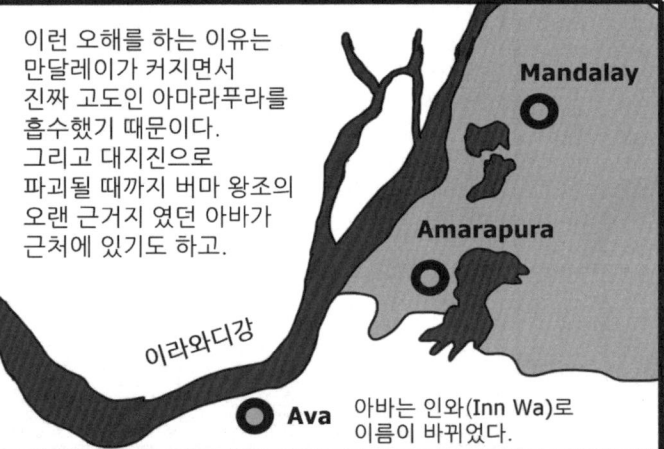

이런 오해를 하는 이유는 만달레이가 커지면서 진짜 고도인 아마라푸라를 흡수했기 때문이다. 그리고 대지진으로 파괴될 때까지 버마 왕조의 오랜 근거지 였던 아바가 근처에 있기도 하고.

이라와디강

아바는 인와(Inn Wa)로 이름이 바뀌었다.

민돈은 열렬한 불교신자였지만 타종교들을 포용하고 서구문물을 적극적으로 받아들였다.

유럽 국비유학생 파견

세습적인 군복무를 폐지하고 근대적 상비군을 창설했다.

사무라이만 군대 갈 때가 좋았는데...

글쎄말여.

전신선을 깔고 브리태니커 사전 전질을 번역하게 하고

열공!

수에즈운하가 개통되자 최신형 기선들을 사들여 유럽과 무역을 장려했지.

아더 페이어가 인도 의장대 400명의 호위를 받으며 기선을 타고 오자
민돈왕은 이라와디 강에 티크나무로 만든 왕실 바지 1,000척을 띄웠다고 한다.

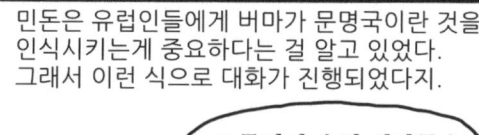

제6장 / 버마 흥망사 — 115

- 킨운의 슬레이든 영접 ← 61쪽

빅토리아 시대의 런던 투어는 버마 사절단에게
놀라움의 연속이었을 것이다.
귀족의 저택에 초대되어 다섯가지 코스의 정찬을
맛보기도 했고 마담 투쏘, 웨스트민스터 성당,
크리스탈 팰리스를 방문했고
이튼과 해로드의 크리켓 경기도 관람했다.

만달레이 궁전의
누각보다도
훨씬 높구나.

애스콧 경마장을 보고와서는 이런 기록을 남겼다.

왕세자가 평민들과
같은 옷을 입고
평민들과 함께 웃고
자유롭게 대화를
하다니. 놀라웠다!

후에 에드워드 7세가 되는 그 왕세자가
심각한 바람둥이였다는 건
아마 몰랐을 것이다.

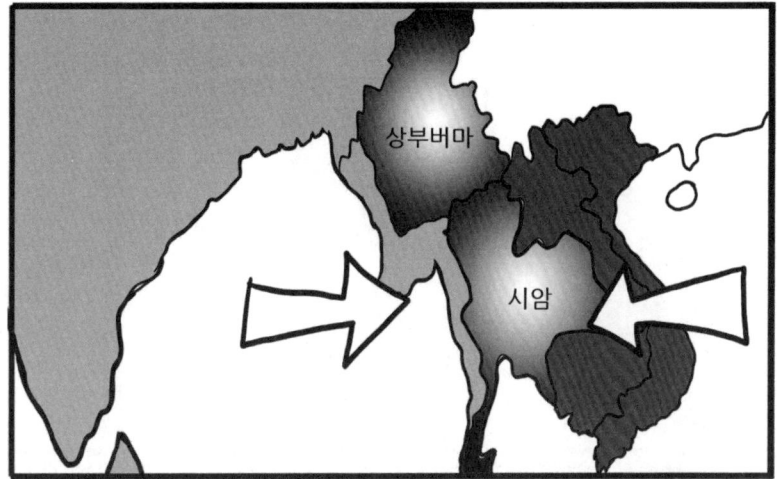

그렇지 않아도 프랑스가 인도차이나를 점령하며 야금야금 서진하는 것이 신경이 쓰이던 참인데 버마가 프랑스 영향권에 들어간다면?
다른 유럽 제국과 완충지역 없이 직접 맨살을 맞대야 한다. 이건 영국에게 끔찍한 시나리오였지.

혼란스러운 프랑스와의 섣부른 관계구축은 최강대국 영국을 자극하는 역효과를 불러 왔다.

결국 꼰바웅왕조를 종식시키고 상부버마까지 점령하는 방법 밖에 없지 않을까?

국제정세에 대한 정보력과 안목없이 외세 사이에서 우왕좌왕하는 모습은 조선 말기와 다르지 않다.

이런 미묘한 싯점에 1878년 민돈이 이질로 급사를 한다. 개혁 파트너인 이복동생 카나웅이 자신의 아들들에게 암살 당한 후 후계자를 정하지 않고 죽었으니 당연히 혼란이 일어났겠지.

저라고 말씀을 해주고 가셔야쥬.

경쟁하는 후보들 가운데 가장 처지는 왕자가 하나 있었다.

하지만 그에게는 다른 왕자들이 갖고있지 못한 가방이 있었으니...

빽

자신의 이복형제 중 한 공주와 연애를 하고 있었는데 (왕가에서 근친 결혼은 흔한 일이었다.)

수파얄랏
Supayalat
(1859~1925)

그 공주의 어머니가 왕비 가운데 서열1위인 이 여인이었다는거지.

신뷰마신
Hsinbyumashin
(1821~1900)

내가 아들을 못 낳았으니 사위라도 왕으로 만들어야겠어.

똑똑한 놈은 골치만 아파. 내 말 잘 듣는 놈이 낫지.

백설공주의 계모급 캐릭터의 이 여인, 야심도 있었지만 정치 계산도 빨랐다.

하지만 손잡을 세력이 필요해.

그래서 손을 잡은 인물이 국무총리이던 킨운이었다.

킨운은 유럽을 직접 돌아본 후 완전한 개화파가 되어있었다.

유럽제국과 싸운다는건 말도 안돼.

무조건 유럽을 따라해야 한다.

갑신정변의 김옥균과 비슷한 생각이었을 것이다.

이런 답답한 꼰대들, 무조건 일본을 따라해야 하는데.

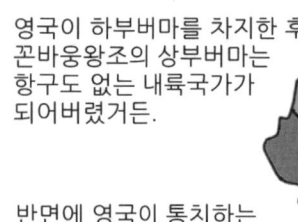

제6장 / 버마 흥망사 — 127

이 대목이 버마와 시암의 운명이 갈린 마지막 분기점이 아니었을까 생각한다.

동남아 대륙의 절대 갑이었던 버마에게는 시암이 보여준 외교적 유연성이 없었다.

세월은 꼰바웅왕조의 편이 아니었다. 어영부영하는 사이 영국에 자유당 정권이 물러나고 솔스베리후작의 보수당정권이 들어섰다.

더 나쁜 건 인도담당 장관으로 입각한 인물이 야심만만한 36세의 랜돌프 처칠이었다는거다.

Randolph Churchill
(1849~1895)

이름에서 짐작하다시피 우리가 잘 아는 이 사람의 아버지이다.

Winston Churchill
(1874~1965)

랜돌프 처칠은 철저한 제국주의자였다.

프랑스가 통킨까지 먹어치웠다! 멍청한 왕 티보에게 프랑스가 접근하도록 놔둘 수는 없어!

즉시 상부버마를 점령하고 티보를 끌어낼 것!

어린 녀석이 말이 짧군.

인도총독 더프린공작
(1826~1902)

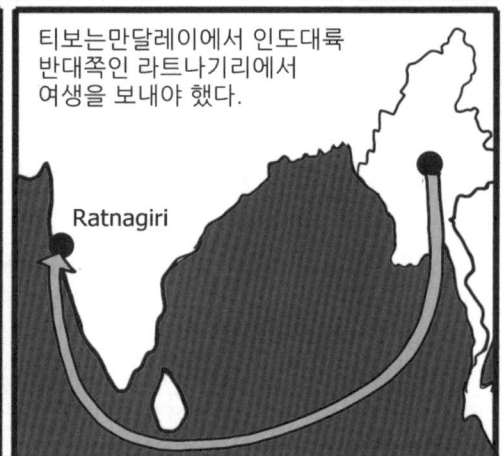

제7장

개혁군주 출라롱꼰

방콕에서 북쪽으로 400여 km 정도 올라간 곳에 수코타이 왕국의 유적이 널려있다.

수코타이를 이 유적의 무덤에서 화려한 무대 위로 끌어 올린 것은 1930년대의 피분 정권이었다.

독재자 피분은 극단적 민족주의자였는데 수코타이에서 태국민족의 이상향을 찾으려고 했다.

**피분쏭크람
(1897~1964)**

600년 전에 이미 우리민족은 자유와 평등의 사상을 꽃 피운 나라를 가지고 있었다.

그게 바로 수코타이야. 임금과 백성이 그렇게나 서로를 사랑했다구.

학문적 근거는 좀 애매하지만 직감적으로 느낄 수 있잖아?

크메르제국의 힘이 약화되자 수코타이는 람캄행왕의 치세에 전성기를 맞이한다.

태국문자를 만들었다는 태국의 세종대왕 쯤 되는 분이다.

**Ram Khamhaeng
(1237~1298)**

물론 한글처럼 완전히 새로 발명한건 아니고 개량한거지만.

— 피분의 국수주의 ➡ 4권 182~185쪽

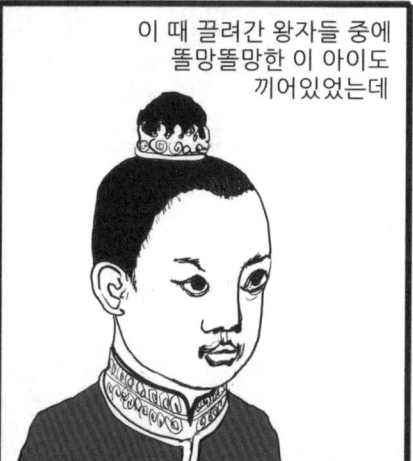

- 나레수안과 민지스와의 결투 ← 82쪽

제7장 / 개혁군주 출라롱꼰 — 135

나레수안의 승리 후 아유타야는
전성기를 맞았다.
1686년에는 프랑스와 정식으로
국교를 맺고 서로 대사관을
설치하기까지 했는데
아유타야의 외교관이
태양왕 루이 14세를 알현하는
모습을 묘사한 이런 그림이 남아있다.
조선은 오로지 중국만을
알고 있을 때이다.

(출처 ; 위키피디아)

하지만 그것도 잠시, 결국 버마에
꼰바웅왕조를 창건한 알라웅파야에게
1767년에 결국 멸망 당하고 말았지.

이번엔 끌고가서 안 돌려보낸다.

하지만 왕족을 다 끌고간다고 뿌리를 없앨 수는 없는 것.

어느 절에 단짝인 두 소년이 수행 중이었는데
(동남아 불교국가에선 불교사원이 교육기관 역할도 했거든)

호, 그 녀석들 둘 다 크게될 관상이구나.

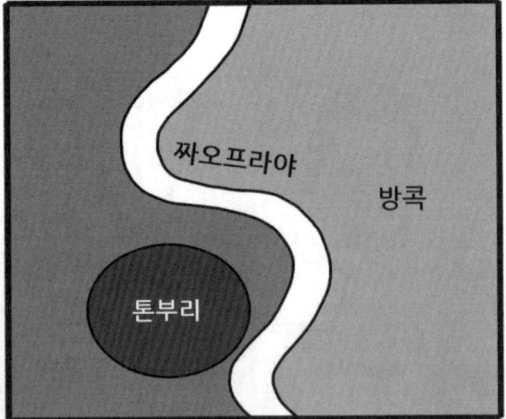

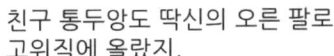

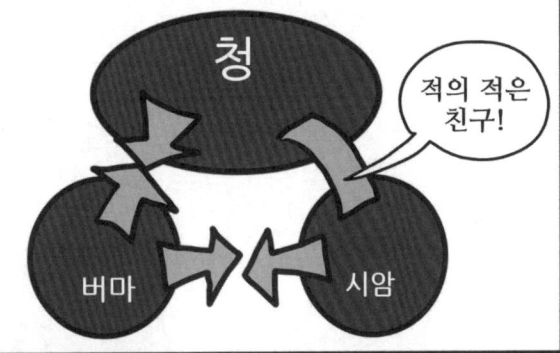

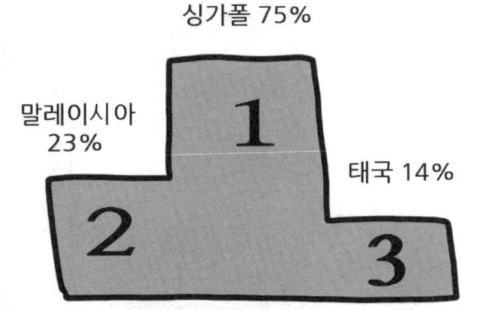

대개 정권을 새로 잡고나면 뭘 하더라? 그렇다. 요드파왕도 수도를 옮겼다. 딱신의 톤부리에서 멀리 가지는 못했고 짜오프라야강 동쪽 건너편으로 옮겼다.

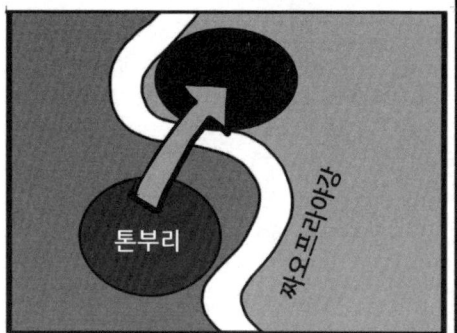

요드파왕이 옮긴 이 지역을 '라타나코신'이라고 한다. 방콕의 시작점이라고 할 수 있으며 강변으로 화려한 왕궁과 사원(Wat)들이 늘어선 지역이다.

지금의 방콕은 요드파왕이 옮겨간 라타나코신과 딱신의 톤부리까지 다 포함하는 거대도시가 되었다.

방콕메트로폴리탄지역(BMR)의 인구가 2천만이다. 태국의 2위 도시라야 20만이 안된다. 태국의 거의 모든 것인 거대도시의 원조가 딱신과 요드파인 것이다.

흔히 방콕이라고 부르는 이 도시의 태국어 이름은 끄룽텝(Krung Thep)이다. 산스크리트어인데 '천사의 도시'라는 뜻이란다. 미래에 관광업으로 먹고 살 줄 알고 이렇게 지었던가?

아니면 해수면과 같은 고도라 땅을 팔 수 없어서 지하철 대신 공중에 스카이 트레인을 만들 수 밖에 없을 걸 미리 알고 붙인 이름인가?

제7장 / 개혁군주 출라롱꼰 — 143

그런데 말이지, 사실은 짜끄리왕조를 세운 요드파왕도 시암의 주류인 타이족이 아니라는거야. 라마 1세의 아버지는 몬계였고 어머니는 중국계였거든. 동남아는 이렇게 다양성에 관대하다. 어쨌던 짜끄리왕가는 영국의 윈저왕가, 일본의 천황가와 함께 현존하는 왕가 중 가장 성공적인 왕가들 가운데 하나로 10대 와치라롱꼰(라마 10세)까지 이어지고 있다.

윈저왕가 4대
엘리자베스 2세

천황가 126대(?)
나루히토

짜끄리왕조 10대
라마10세
와치라롱꼰

하긴 영국의 윈저왕가도 독일계이고 일본천황가는 한반도에서 넘어갔을 가능성이 높다.

그럼 한국인은 한반도에서 솟아났냐?

그래서 혈통이니 뭐니 하는게 다 정치적 도그마라니까.

태국은 지구상 가장 살벌한 왕가모독죄로 짜끄리왕가를 보호하고 있다.

왕가를 비판한 죄로 징역 43년, 땅땅땅!

Lesè-majesté

최근(2021년 1월) 내려진 판결이다.

이렇게까지 짜끄리왕가를 보호하는 이유 가운데 하나가 식민지 점령의 치욕을 당하지 않고 제국주의시대를 버텨낸 공적에 대한 보상은 아닐까?

이웃의 강국 버마의 꼰바웅왕조가 영국의 침략에 무너질 때 시암(태국)의 짜끄리왕조는 어떻게 이 거센 파도에 대처했을까?

19세기초 영국이 전쟁 끝에 반둘라의 군대를 제압하고 하부버마를 점령했다는 뉴스가 전해지자...

쌤통이다~

라마3세
낭끌라오

그런데 곰곰히 생각해보니...

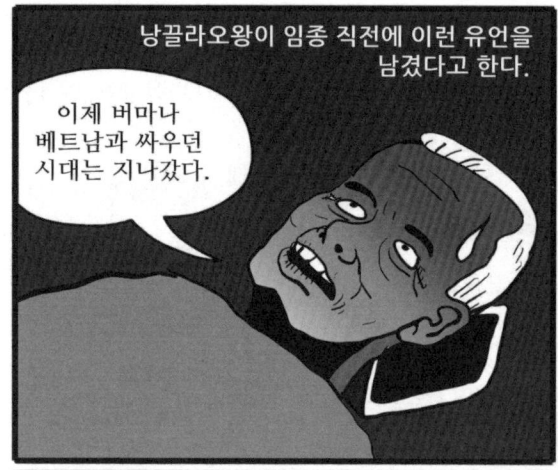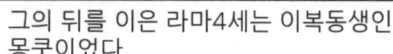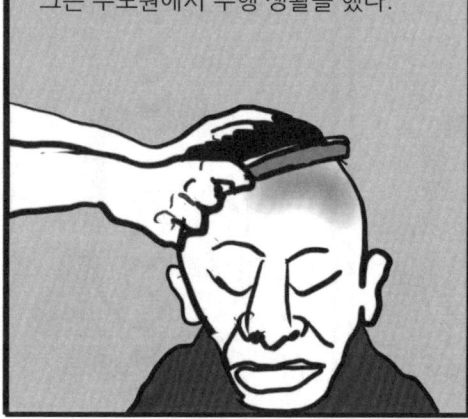

제7장 / 개혁군주 출라롱꼰 — 145

제도 정비?
땡

경제 부흥!
땡~

외교강화.
땡땡

부지런히 후계자를 낳아 왕가를 보존하는 일이다.

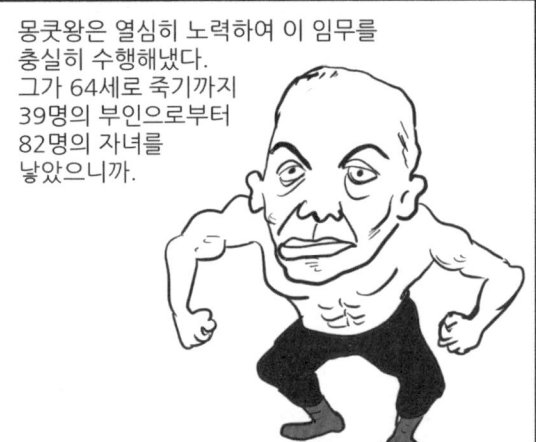
몽쿳왕은 열심히 노력하여 이 임무를 충실히 수행해냈다. 그가 64세로 죽기까지 39명의 부인으로부터 82명의 자녀를 낳았으니까.

앞으로는 왕비들과 왕자와 공주들도 세련되고 글로벌한 소양을 갖춰야 할거야.

그래서 싱가폴의 헤드헌터를 통해서 서양 여성 한 명을 가정교사로 채용했다.

Anna Leonowens
(1831~1915)

이 때 안나 레온오웬즈는 31세의 미망인이었는데 일곱 살배기 아들과 함께 시암의 끄룽텝에 도착했다.

브로드웨이와 헐리우드가 달려들면
없던 로맨스도 만들어진다.
60대의 왕과 30대 가정교사가
졸지에 서로 사모하는 사이가
되어버렸다.

몽쿳왕은 진지한 불교도이다

그런 그가 가슴을 풀어헤친
율 브린너도 되었다가

슬램덩크 헤어스타일의
주윤발도 되었다.

안나 선생은

천하절색 데보라 커도 되었다가

이지적 아름다움을 뽐내는
죠디 포스터도 되는
호사를 누렸지.

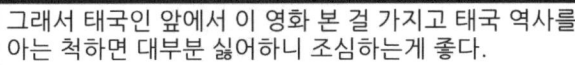

150 — 우리가 몰랐던 동남아 이야기

— 민돈왕과 아더 페이어의 면담 ← 111~113쪽

오오!!

이때 초청받은 싱가폴 총독 해리 오드경의 증언이다.

몽쿳왕의 계산은 정확했습니다.

앙숙 프랑스를 까는 것도 잊지 않았다.

프랑스 과학자들보다 2초나 정확했죠.

이런 연유로 1868년의 일식을 이렇게 부른다.

시암왕의 일식 (The King of Siam's eclipse)

시암의 시월라이를 마음껏 과시했지만 희생이 컸다.
이 여행에서 출라롱꼰 왕자와 그는 말라리아에 걸렸는데 왕자는 회복했지만 몽쿳왕은 그러지 못했다.

(출처 ; 위키피디아)

출라롱꼰 왕자는 열 다섯의 나이에 라마5세의 왕위에 올라야 했다.

1868년은 공교롭게도 같은 15세에 왕위에 오른 소년을 앞세워 메이지유신의 칙령을 발표한 해이다.

메이지
1852년생

조선에는 메이지와 동갑인 고종이 아버지 대원군의 섭정을 받으며 왕좌에 앉아있었다.

고종
1852년생

15세에 왕위에 올라 42년간 시암을 통치한 라마 5세 쭐라롱꼰…
그는 태국에서 가장 존경 받는 개혁군주이다.
태국의 곳곳에서 그의 멋진 조각상들을 만날 수 있다.

쭐라롱꼰
1853년생

버마에서는 개혁군주 민돈의 사후에 마지막 왕 티보가 개혁사업을 이어가지 못했지만 시암에서는 몽꿋의 근대화 프로젝트를 쭐라롱꼰이 이어갔다.

40여년의 재위기간 동안 그가 이룬 수많은 서구화, 근대화정책들의 방향은 한 마디로 이렇게 요약될 수 있다.

근대적 민족국가의 확립!!

Nation-state

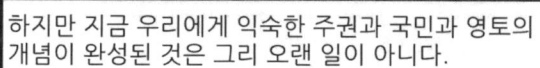

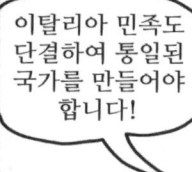

제7장 / 개혁군주 출라롱꼰 — 155

왕위 계승에 깊이 관여했고,

후궁의 소생이지만 연장자가 하는 걸로.

라마3세 낭끌라오

아들 말고 절에서 덕을 쌓은 동생으로.

라마4세 몽쿳

15세의 출라롱꼰이 왕위에 올랐을 때 섭정을 맡은 인물이 딱신을 몰아낸 부낙의 손자인 추앙 부낙이었다.

Chuang Bunnag (1808~1883)

방콕 관광사진에 자주 나오는 플로우팅 마켓이 있는 담노엔 사두악 운하는 몽쿳왕 시절에 지어졌는데 그 건설책임자가 바로 추앙 부낙이었다.

견문을 넓히기 위해 유럽인들이 통치하는 지역을 둘러보고 오시지요.

버마를 벗어나지 않았던 티보와 달리 출라롱꼰은 세상구경을 많이 한 왕이다.

하지만 또 한 편으로는 왕권을 분산시켜 귀족들의 발언권을 유지하려고 했다.

전궁(Front Palace)의 권력을 더 강화해서 본궁(Grand Palace)을 견제해야겠어.

제7장 / 개혁군주 쭐라롱꼰 — 157

- 앤드류 클라크 ← 1권 300~303쪽

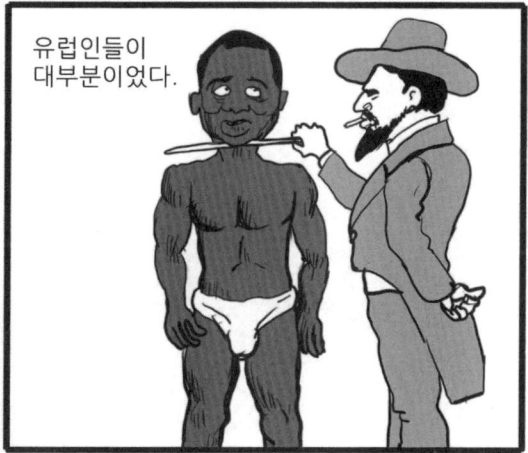
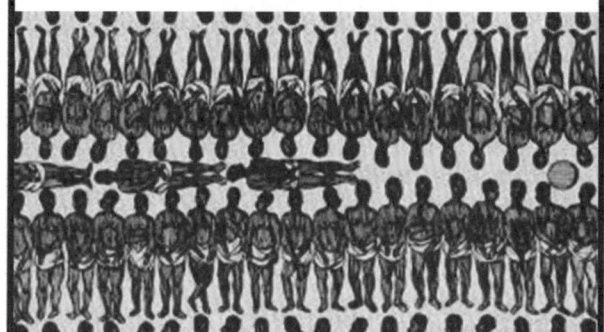

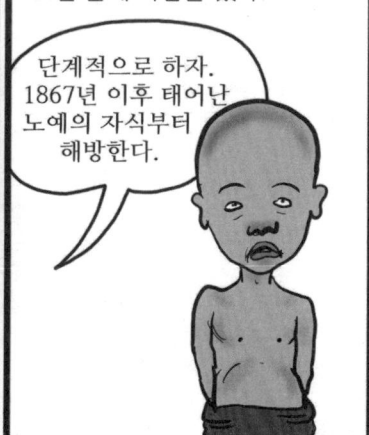

대부분의 평민들에게 노예제도보다 더 큰 문제는 노역제도(corvee)였다. 1년에 석달씩 지역의 귀족들에게 동원되어 공짜로 사역을 해야 했다.

이제부터 공짜노역은 없다. 모든 노동에 대해서는 임금을 지불하라!

국민이라는게 뭔가?

국가의 운명과 자신의 운명을 동일시하는 사람들의 집합이다. 그래서 자유인만이 근대적 의미의 국민이 될 수 있는 것이다.

나의 조국, 시암!

주권, 국민의 이야기를 했다. 하지만 영토는 훨씬 복잡한 문제였다.

비슷한 시기에 근대 국가의 시스템을 건설하던 일본은 영토라는 근대국가의 필수요소를 확정하는 문제에서 자유로웠다. 섬이니까.

하지만 시암은 양쪽으로 유럽의 최강제국들과 접해있으니 영토문제가 단순할 리가 없다.

유럽인들이 오기 전까지 영토란 동남아에 없는 개념이었거든. 그럼 국경도 없이 어떻게 살았냐고?
하나의 중심에서 사방으로 뻗어나가는 이런 기하학적 무늬, 불교나 힌두교에서 수행할 때
사용하기도 하는 이런 무늬를 만달라(Mandala)라고 한다.
동남아에서 영토에 해당하는 개념을
설명할 때 이 만달라 무늬에 빗대어
'**만달라 시스템**'이라고
부르곤 한다.

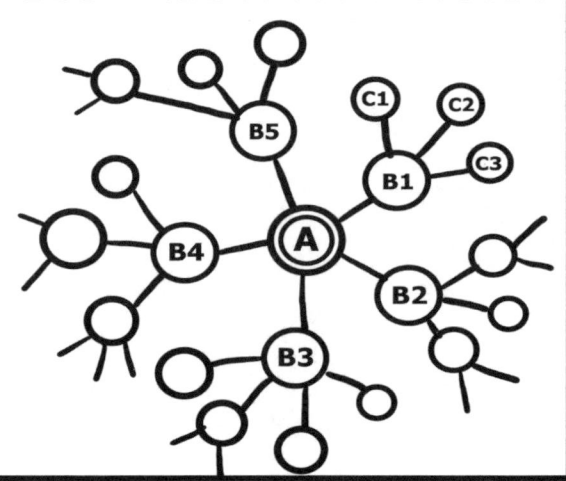

제7장 / 개혁군주 출라롱꼰 — 163

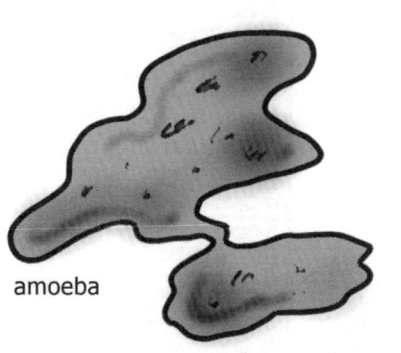

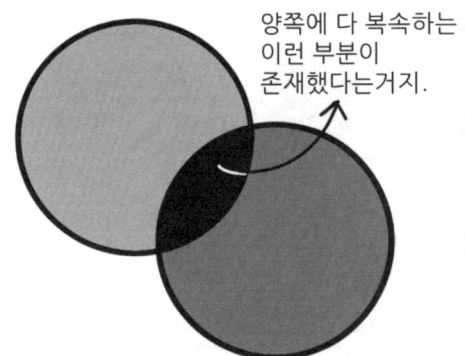

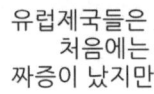

제7장 / 개혁군주 출라롱꼰 — 165

― 메콩강 ← 1권 66~68쪽

시암이 서쪽의 영국과는 국경분쟁이 덜했던건 역설적이지만 버마의 덕분이기도 하다.
서쪽 땅은 지키는 것만도 버거웠으니까.

반면에 동쪽의 라오스와 캄보디아는 수백년동안 시암과 남비엣의 사이에 끼인, 두 나라의 겹치는 만달라였다.

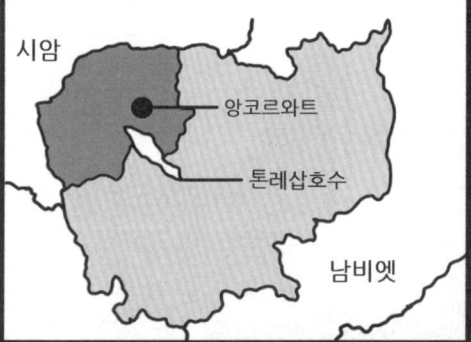
캄보디아의 시엠립과 바탐방지역은 특히 프랑스와 시암사이에 분쟁이 심했는데, 시암은 당연히 자기 땅이라고 생각했다.

프랑스 탐험가 앙리 무오 덕분에 시엠립지역의 앙코르와트가 유럽에 떴다고 했지?

요즘 유럽에서 유명하다던데 앙코르와트 석상을 한두개 방콕으로 갖다놓으면 어떨까?

검토해보라.

이렇게 될 뻔했다.
출라롱꼰은 그냥 자기 집 뒷마당에서 앞마당으로 옮기라고 했을 뿐이다.

- 앙리 무오 ← 1권 158쪽

라오스의 운명은 더 기구하다.

방콕 짜오프라야 강변에 위치한 태국의 왕궁 안에 '왓프라께오'라는 근사한 절이 있다.
이 안에는 태국 최고의 보물을 모시고 있는데...

앉아있는 초록색 불상이다.

Wat Phra Kaew

에메랄드는 아니고 옥돌로 만들어져 있지만 녹색이라 서양인들이 '에메랄드 부다'라 불렀다.

태국인들은 이 불상을 극진히 모신다.
계절에 따라 1년에 세 번 불상의 옷을 갈아입히는 거창한 의식을 거행하는데 국왕이 참석하여 손수 초록빛 불상을 씻기고 옷을 갈아입힌다.

그런데 라오스의 비엔티앤에 가면 '호파께우'라는 절이 있다.

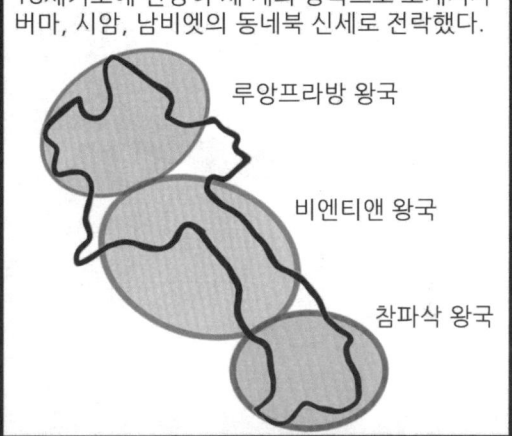

— 란상 왕국 ← 79~80쪽

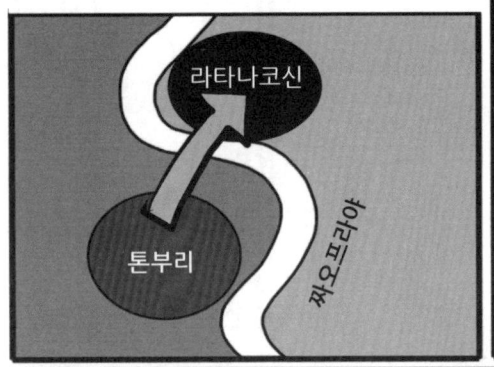

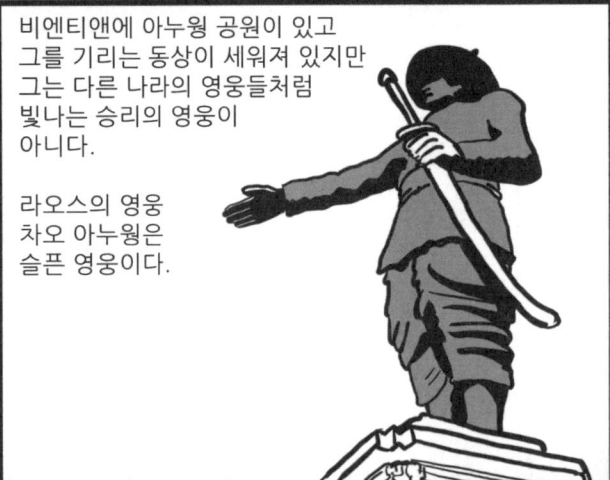

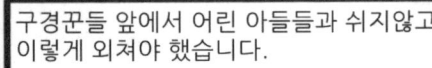

라마3세 낭끌라오는 분이 덜 풀렸는지 아누웡의 시체를 쇠사슬에 매달아 전시하도록 했다.

아누웡은 라오스의 마지막 전사였고 마지막 저항이었다.

시암은 비엔티앤과 루앙프라방을 완전히 자기 땅이라고 생각했기에 더욱 분했을 것이다.

태국 역사는 이 사건을 전쟁이 아닌 반란의 진압으로 인식하고 있다.

아누웡을 진압한 후 시암은 비엔티앤을 초토화했다. 이후 70년간 폐허로 남아있다가 프랑스 보호령의 수도가 되면서 재건된 도시가 지금의 비엔티앤이다.

그리고 시암은 비엔티앤 인구의 절반 이상을 코랏고원으로 강제이주시켰다.

지금도 태국 이산지역의 문화나 사투리는 태국보다 라오스에 더 가깝다.

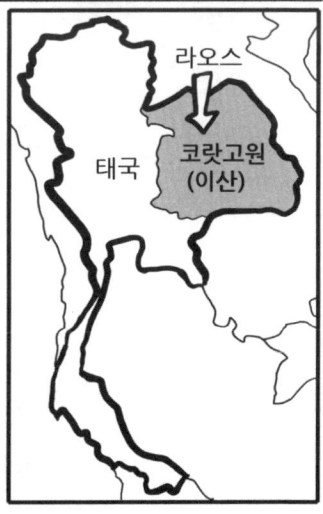

- 이산주(코랏고원) ← 1권 108쪽

제7장 / 개혁군주 출라롱꼰 — 173

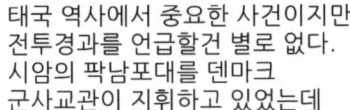

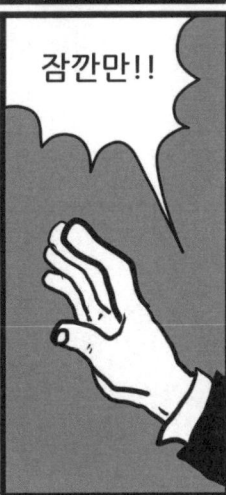

제7장 / 개혁군주 출라롱꼰 — 175

- 크라지협 ← 1권 54~55쪽

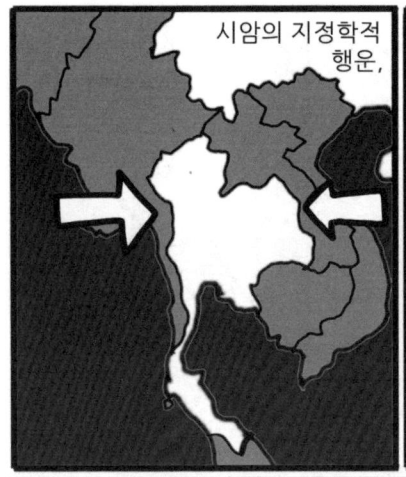

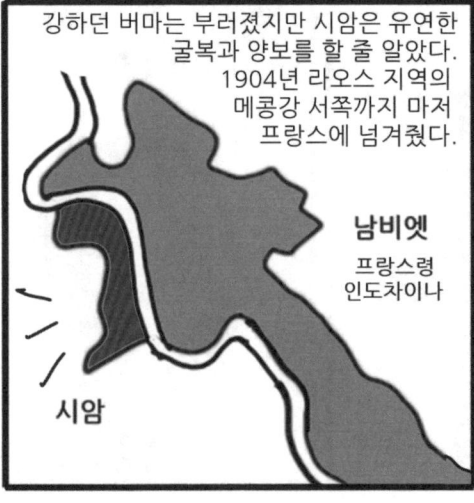

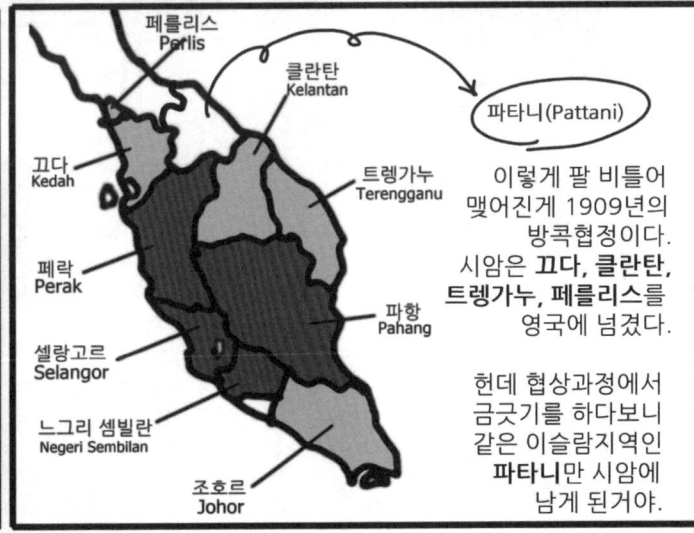

제7장 / 개혁군주 출라롱꼰 — 179

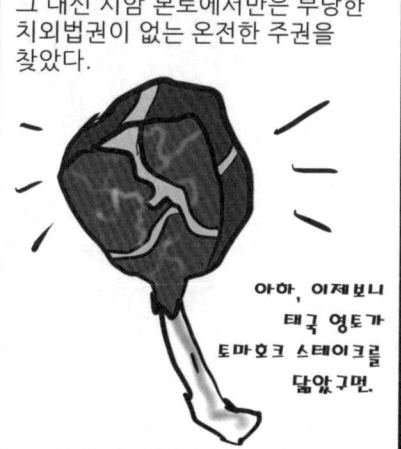

전근대적 만달라의 말단을 회생하여 근대적 영토의 주권국가를 확립한 것, 이것이 출라롱꼰의 업적이다. 이런 기3이 있었기에 운7을 활용하여 동남아 유일의 독립국이 될 수 있었다.

이 업적으로 그는 태국인들의 자존심 속에 살아있는 최고의 위인으로 남아있는 것이다.

그를 기념하는 조형물은 태국에 무수히 널려있지만 가장 자랑스러운 것은 태국 최고의 대학에 자신의 이름이 붙여진 것이리라...출라롱꼰 대학. 1987년 개교 70주년을 맞아 캠퍼스 중앙에 출라롱꼰왕의 조각을 세웠다. 설립자인 아들 라마6세 와치라웃도 아버지 옆에 출연시켜 주었지.

손자 푸미폰국왕도 살짝 숟가락을 놓았다. 출라롱꼰대학이 새로 세운 경영대학원에 직접 이름을 붙였다.

사신(Sasin) 경영대학원으로 하라.

사신은 왕토끼라는 뜻이란다.

내가 토끼띠거든.

제8장

남비엣과 인도차이나

베트남 영토의 생김새는 특이하다.
남북으로 길쭉하게 생겼다.
북위 8도에서 24도까지 걸쳐있어 남북 길이가 1800km에 이르지만 동서 길이는 짧다.
가장 짧은 곳은 50km에 불과하다.

이 정도로 길쭉한 영토는 남미대륙의 칠레 정도인데 거대한 안데스산맥이 남북으로 뻗어있기 때문이다.

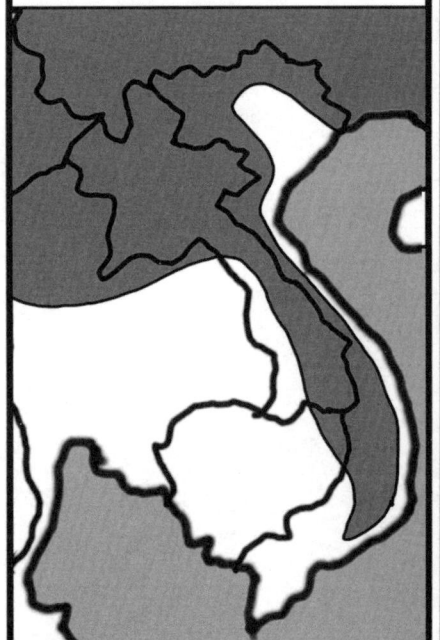

베트남도 마찬가지다. 북부와 중부는 산악지형이 동남아 내륙과 베트남 사이를 가로막고 있다.

특히 중부 베트남이 끊어질 듯 가는 허리 모양이 된 것은 거의 해안까지 진출한 산악 정글 때문이다.
이런 지형을 베트남인들은 양쪽 바구니에 음식물을 담은 바지랑대에 비유한다.

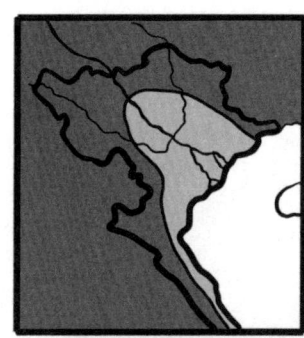

하나의 바구니는 북쪽의 홍강 유역의 곡창지대이고,

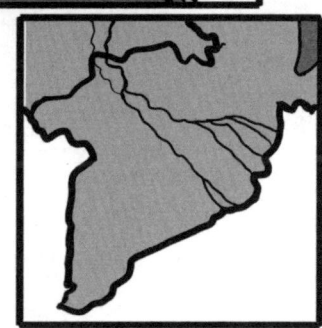

또 하나의 바구니는 남쪽의 메콩강 하류에 형성된 삼각주이다.

그리고 기다란 바지랑대는 좁고 길쭉한 그 사이의 영토이기도 하고 남북으로 뻗어 국토의 3/4을 차지하고 있는 산줄기이기도 하다.

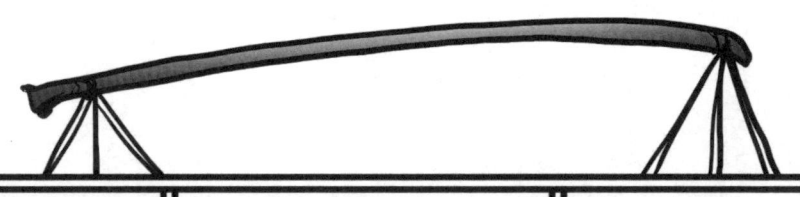

북에서 남으로 길게 형성된 만큼 남과 북은 모든 것이 다르다. 물론 기후도 다르고,

문화도 다르다. 사이공과 하노이를 다 경험해본 독자들이라면 이런 걸 느꼈을 것이다.

꼭 다른 나라 같아...

헌데 이런 느낌은 지리적 거리에서만 오는 것이 아니다.

노이바이공항에서 내려 하노이 시내로 들어가려면 쏭홍을 건너게 된다. 쏭은 강이란 뜻이고 홍은 우리말과 발음이 같다. 붉다는 뜻이다.

출처 ; 라오동신문

상류에서 토사를 많이 쓸고와 강물이 붉은 색을 띤다고 해서 붙여진 이름이다.

紅

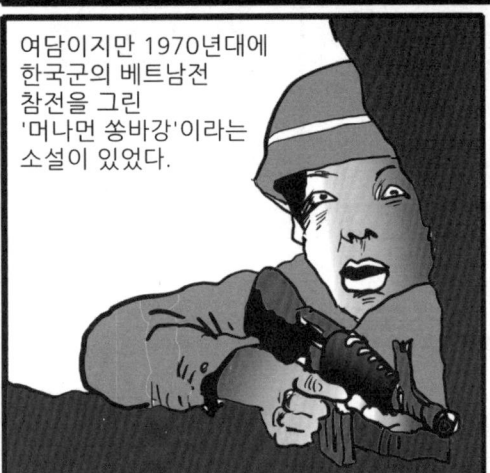
여담이지만 1970년대에 한국군의 베트남전 참전을 그린 '머나먼 쏭바강'이라는 소설이 있었다.

쏭이 강이란 뜻이므로 그냥 머나먼 '쏭바', 혹은 '바강'이라고 하면 될 것인데 아마 느낌이 너무 단조로워서 그리 붙인 것 같다. 이런 식으로 말한 셈이지.

한강 River is beautiful!

Really~

이 책에서 쏭홍은 홍강으로 부르도록 하겠다.

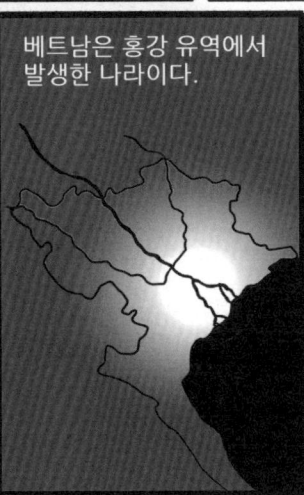
베트남은 홍강 유역에서 발생한 나라이다.

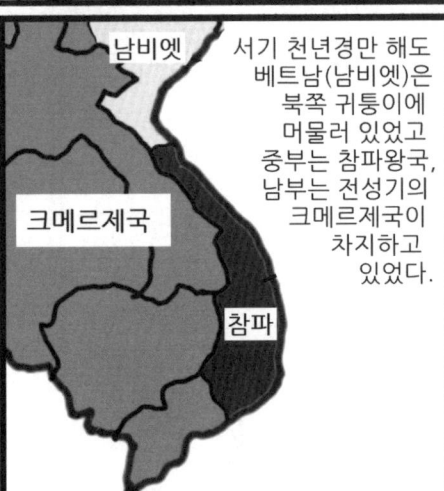
서기 천년경만 해도 베트남(남비엣)은 북쪽 귀퉁이에 머물러 있었고 중부는 참파왕국, 남부는 전성기의 크메르제국이 차지하고 있었다.

남비엣
크메르제국
참파

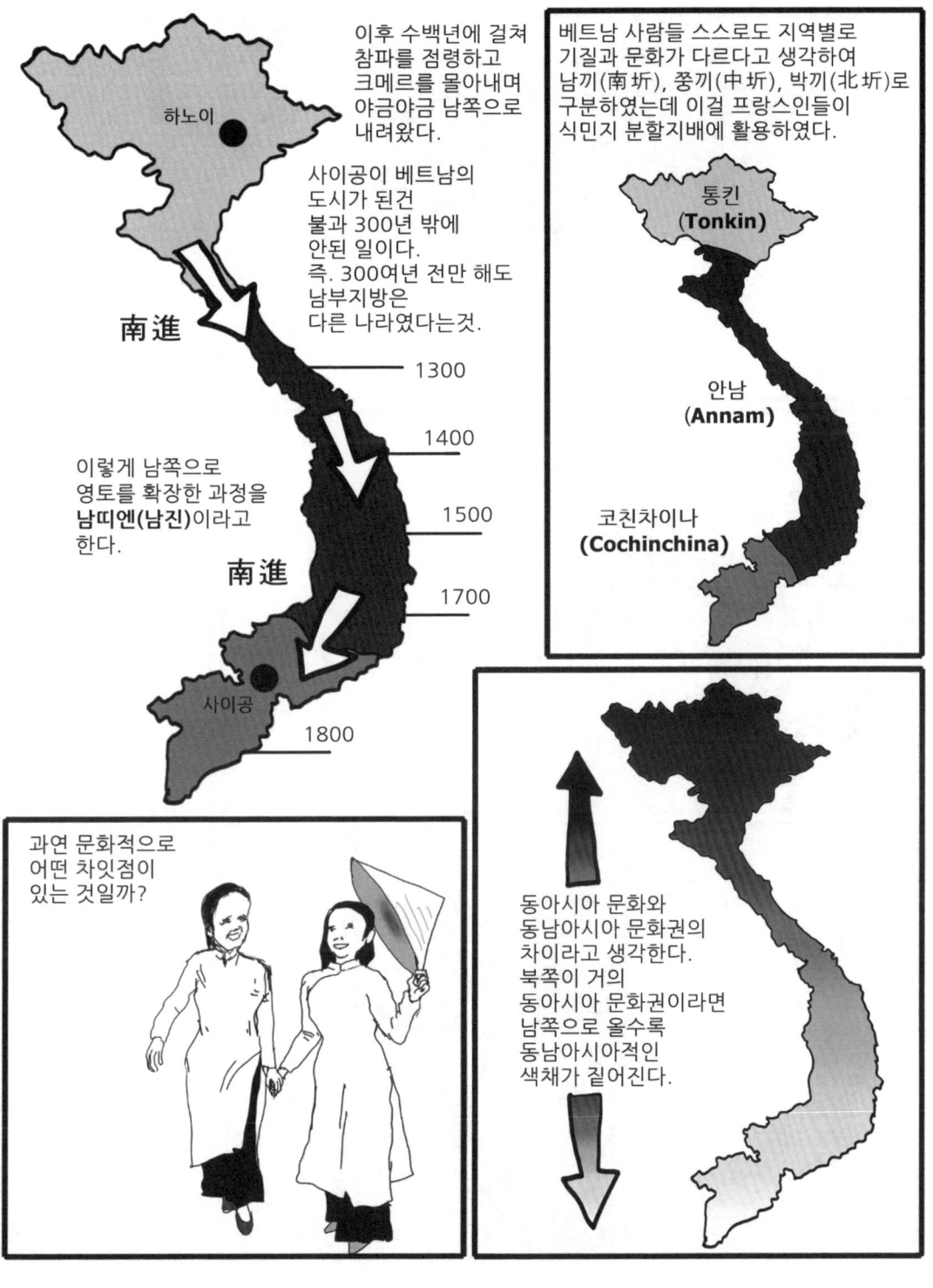

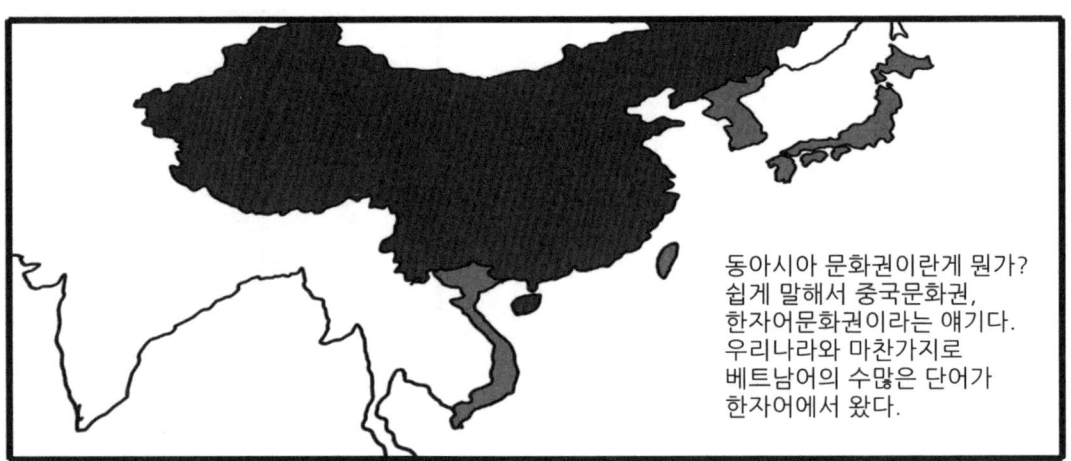

동아시아 문화권이란게 뭔가? 쉽게 말해서 중국문화권, 한자어문화권이라는 얘기다. 우리나라와 마찬가지로 베트남어의 수많은 단어가 한자어에서 왔다.

동서남북이라는 말이다.

東西南北

남뉘

男女

남녀란 얘기고.

요즘 젊은이들 건배구호는 이거지만

못 (하나) 하이 (둘) 바! (셋)

요~~ (와~)

나이지긋한 어른들 점잖은 술자리에서는 이렇게 건배한다.

쭉쭉퀘이~

제8장 / 남비엣과 인도차이나 — 187

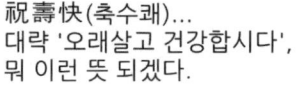

그래서 베트남은 동남아시아의 바다에 떠있는 동아시아의 섬이다. 그들의 기질은 동남아시아와 확연히 다르다. 오히려 우리의 기질에 가깝다.

약 30년 전 베트남 개방 초기의 일이다. 그때만 해도 사이공에는 구걸하는 어린 아이들이 있었다.

원딸라, 원딸라.

모두가 보는 앞에서 섣불리 호의를 보였다간 삽시간에 어디선가 떼로 나타나 이런 상황이 된다.

인도나 동남아 여러도시에서 겪어보아 그날도 썩은 미소만 보여주고 산책을 계속했는데

원딸라

그 녀석 꽤 끈질기군.

원딸라 원딸라

제8장 / 남비엣과 인도차이나 — 189

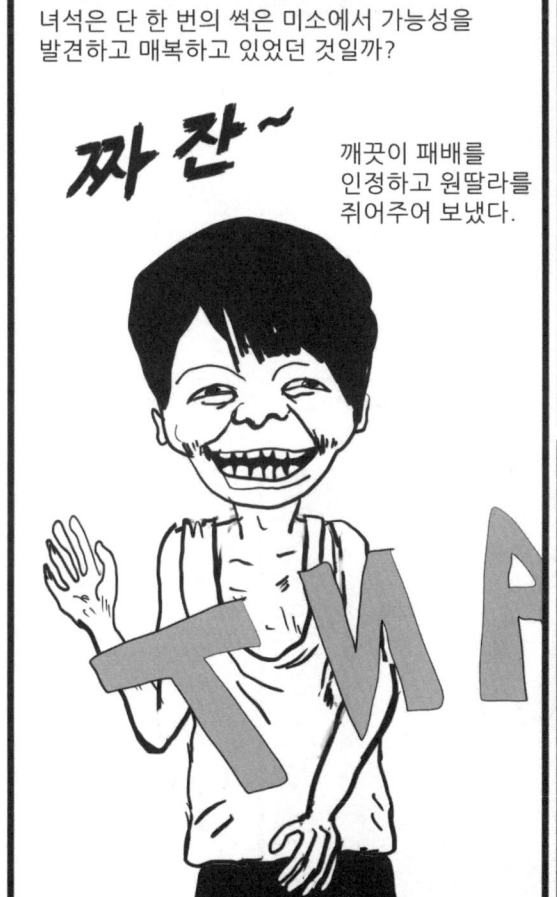

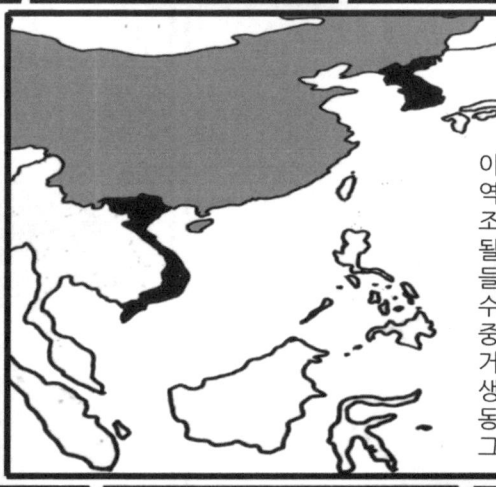

제8장 / 남비엣과 인도차이나 — 191

고대 홍강유역은 여성의 지위가 상당히 높은 사회였다. 이 동네 명문가에 문무에 출중한 자매가 있었는데 성격도 대단했단다.

사내들이 저 꼴을 보고만 있단 말이야?

자매는 용감했다. 군대를 일으켜 중국점령군과 탐관오리 수딩을 내쫓았다.

한나라는 대규모의 진압부대를 보냈고 쭝자매는 용맹스럽게 독립투쟁을 이끌었지만 결국 패하여 애석하게도 목이 잘리고 말았지.

이들이 베트남 민족정신의 상징으로 오늘날도 추앙받고 있는 쭝짝, 쭝니이다. 사이공 중심가의 하이바쭝 거리가 이들의 이름을 딴 것이다.

Hai(두명의) Ba(여성존칭) Trung(쭝씨)

제8장 / 남비엣과 인도차이나 — 193

제8장 / 남비엣과 인도차이나 — 195

땅롱궁성 (출처; 위키피디아)

태조만 있었던게 아니다. 태종(리타이똥), 성종(리딴똥), 인종(리난똥)으로 이어지면서 리왕조는 전성기를 맞았다.

太祖　太宗　聖宗　仁宗

과거제도, 관리들의 복식 등 중국식 체제를 수입하던 시대였다.

그게 뭐니? 의관을 다시 차려입고 오라.

하지만 중국에 고분고분하지만은 않았다. 국경분쟁으로 송(宋)과 전쟁을 일으켰는데 중국역사에는 이렇게 기록되어 있다.

남월에 가보니 공기에는 독성과 습기가 가득하고 길도 험하여 뺏아봤자 쓸모도 없고 예산만 낭비하는 일이라 겁만 좀 주고 그냥 돌아왔다.

옛날같으면 그대로 믿었겠지만 이때부턴 베트남 측의 기록도 있다.

중국인들이 올 때는 폼잡고 왔지만 도망갈 땐 개판이었다. 대승을 거두었도다.

남티엔(南進)을 계속하여 참파의 왕을 죽이고 왕족들을 포로로 붙잡아 왔는데

왕비로서 살아서 치욕을 당할 수는 없도다!

참파의 왕비가 땅롱에 도착하기 직전 한 떨기 지는 꽃처럼 배에서 뛰어내렸다.

오호~ 열녀로다!

- 참파 왕국 ← 184쪽

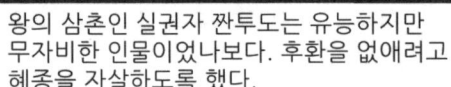

제8장 / 남비엣과 인도차이나 — 199

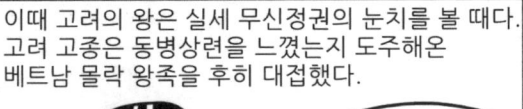

이때 고려의 왕은 실세 무신정권의 눈치를 볼 때다.
고려 고종은 동병상련을 느꼈는지 도주해온
베트남 몰락 왕족을 후히 대접했다.

이리하여 일가가 귀화하여 잘 정착했고
리롱뚜엉은 화산 이씨의 시조가 되었단다.

거, 짠투도란 자가
흉악하구려.
땅을 하사할테니
열심히 살아보시오.

리롱뚜엉
이용상
李龍祥
(1174~??)

리롱뚜엉 일가는 몽골군이 한반도를 침략하였을 때
전공을 세우기도 했다는데 여기에 좀 더 MSG가
첨가되어 베트남인들 중에 이런 주장을 하는
사람들도 있다.

난 전주 이씨인데?

사실은 말이지
대한민국 초대 대통령
이승만도 리롱뚜엉의
후손이야.

어쨌든 중요한건 1992년 국교정상화 때 화산 이씨 종친회가 일조를 했고
한국과 베트남 모두 리롱뚜엉의 스토리를 양국 친선관계의
상징으로 자주 언급한다는 점이다.

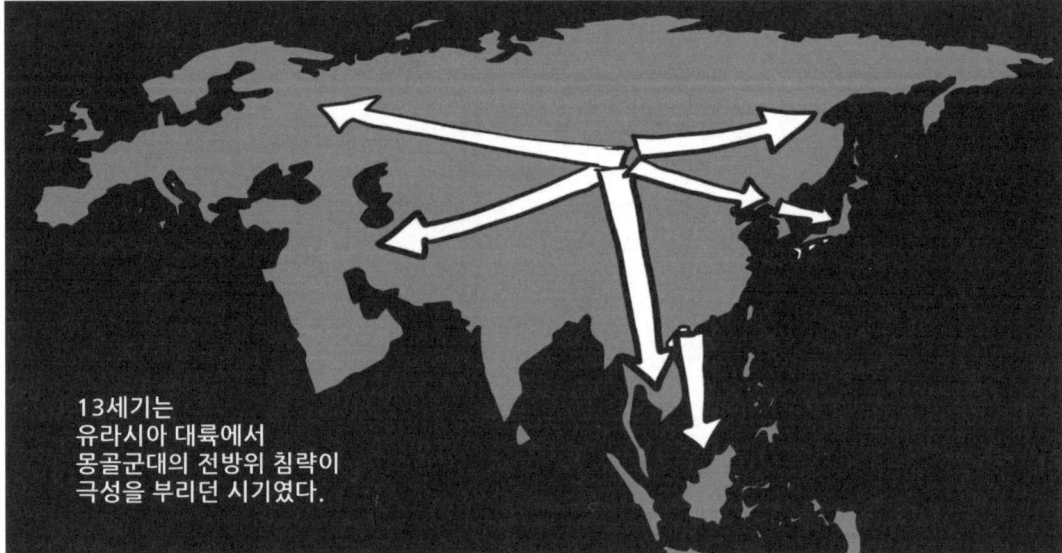

13세기는 유라시아 대륙에서 몽골군대의 전방위 침략이 극성을 부리던 시기였다.

리롱뚜엉이 정착한 고려는 무려 30년간 몽골의 무력에 맞섰지만 전국토가 초토화되면서 끝내 굴복하고 말았다.

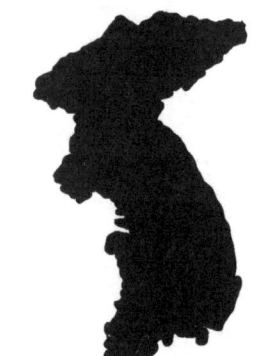

하지만 남비엣은 세번의 전쟁을 치루고도 살아남았다. 짠왕조의 성립과정은 좀 거시기했지만 몽골제국을 물리친 업적 하나로 베트남 국민의 자부심으로 남게 되었다.

"몽골도 이겼는데 미제국주의가 겁나갔어?"

땅롱(하노이)를 포위 했으나 역시 참기 힘든 것은 날씨와 전염병이었다.

제8장 / 남비엣과 인도차이나 — 203

두 나라 다 왕은 도망가고 수도도 함락되었지만 전쟁은 끝나지 않았다.

아니, 사람 대접도 못 받던 노비들이 왜 나라를 위해서 싸운대냐?

죽어도 항복은 못하겠대?

우리나라의 이순신 장군 같은 국민영웅이 짠왕가에서 나왔다.

신에게는 아직도 열두척의 배가 남아있습니다.

서울 한복판에 이순신 장군의 동상이 서 있듯

몽골군에 맞선 베트남 국민영웅의 동상도 사이공 강변의 광장에 서 있다.

짠흥다오(陳興道)
Tran Hung Dao
(1228~1300)

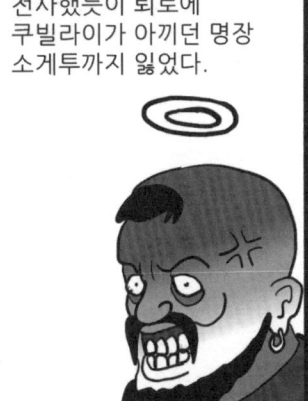

— 보응웬지압의 짠홍다오 부대 ➡ 3권 19~20쪽

1287년, 또한번 토간이 지휘한 몽골의 3차원정은
50만 대군을 끌고 새까맣게 몰려왔단다.
이때 병력 규모는 대체로 뻥이 좀 섞여있지만
원제국이 남비엣 정벌에 이를 갈았던건
분명해보인다.

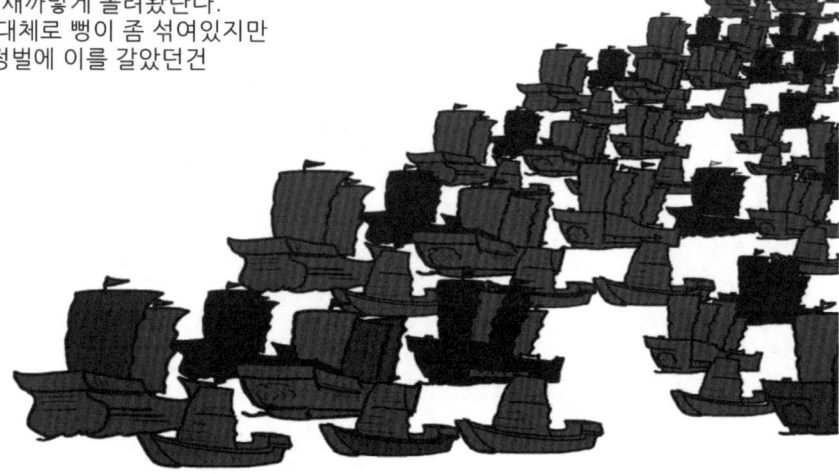

제8장 / 남비엣과 인도차이나 — 207

관광지로 유명한 하롱베이와 하이퐁 사이에 박당강이라는 강이 있는데,

강바닥에 말뚝을 꽂아놓고 역사관광지라고 하는 곳이 있다. 도대체 이게 뭘까?
(출처 ; 하이퐁시)

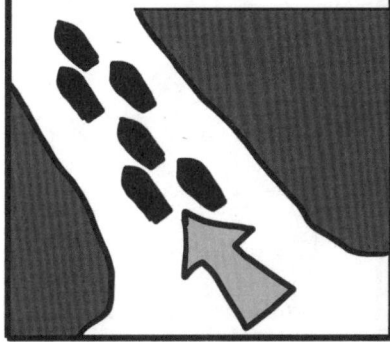
박당강은 중국과 전쟁을 할 때마다 무대로 등장한다. 베트남의 작전도 항상 똑같다. 만조 때 중국 전함이 박당강으로 진입하면,

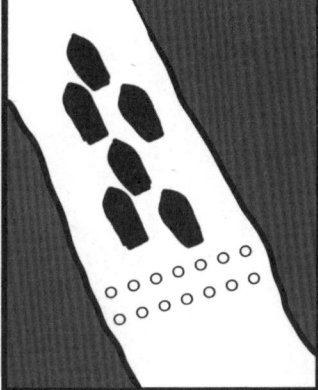
강 하류에 말뚝을 박는다.

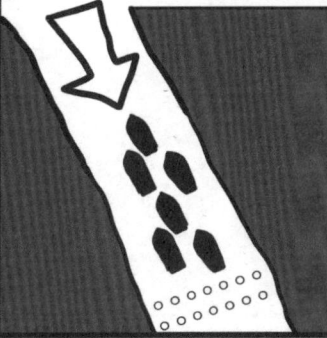
그리곤 수심이 낮은 간조 때 총공격을 한다. 중국 전함들은 말뚝에 갇혀 기동을 못해 몰살한다는 얘기.

이 작전은 베트남 역사에서 수차례 등장한다. 우리나라 역사에도 강 상류에 둑을 쌓았다가 터뜨려 하류에서 강을 건너던 중국군을 몰살시키는 스토리가 여러번 나오잖아.

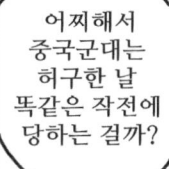

어찌해서 중국군대는 허구한 날 똑같은 작전에 당하는 걸까?

실제로 이 작전들 때문에 승리했다기보다는 한많은 나라에서 전승되는 상투적 무용담이 아닐까 한다.

을지문덕장군이 가마니둑을 확 터뜨리는 순간...

베트남 역사에 의하면 몽골군은 박당강에서 짠흥다오의 군대에게 참패를 당했다.

쿠빌라이는 이를 갈면서 네번째 침공을 준비했지만 1294년에 세상을 뜨고 만다. 후계자 테무르칸(원 성종)은 남비엣 침공보다 더 중요한 일이 많다고 생각했기에 양국의 조공외교를 정상화시켰고 드디어 평화가 찾아왔단다.

유라시아대륙에서 몽골군의 침략을 격퇴한 나라가 우리 말고 또 있어?

우리 있잖아?

베트남 사람들 자존심, 자부심 지리는 편이다.

너흰 대륙이 아니잖아! 바다 덕을 봐놓구선.

이런 자부심 외에 큰 소득이 있었는데...무엇이었냐면 몽골과 세차례 전쟁으로 국토는 만신창이가 되었지만 중국의 기술을 베껴와 화약보유국이 된 것이었다.

화약

화약보유국이 된 남비엣의 최대 피해자는 누구였을까?

지도를 딱 보니 참파왕국이었겠군. 일진일퇴하던 참파가 14세기부터 다이비엣에 일방적으로 당한데에는 13세기 몽골과의 전쟁 중 남비엣에 전파된 화약기술이 그 배경에 있다.

남비엣
참파
크메르

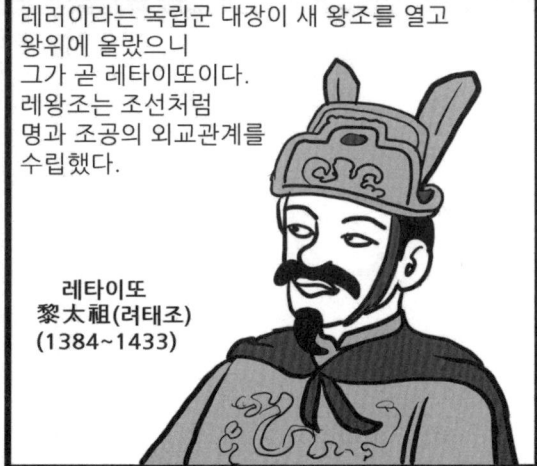

제8장 / 남비엣과 인도차이나 — 211

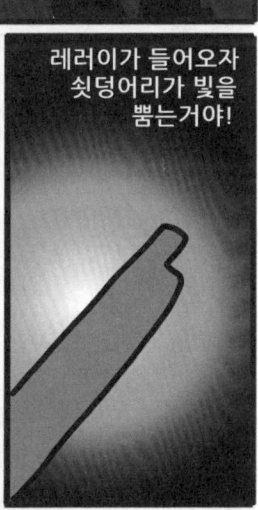

레타이또의 손자인 레탄똥(黎聖宗)이 다스린 37년간(1460~1497)이 레왕조 최고의 전성기였다.

레탄똥 (1442~1497)

조선으로 치면 세조에서 성종에 이르는 시대인데 남비엣의 모든 제도와 문화가 본격적으로 중국화된 시기이다.

吏曹　正一品　禮曹　戶曹　從九品　正三品　兵曹　刑曹

남비엣 아래 이웃한 참파는 인도문명을 일찍이 받아들여 이 근방에서 가장 먼저 문자를 사용한 선진국이었다.

서쪽이 산악지역으로 막힌 지형으로 인해 동쪽의 해안선을 이용한 어업과 국제무역이 발전했다.

오늘날 베트남 중부의 많은 해안도시가 참파의 번성했던 무역항이었다.

다낭/호이안 (인드라푸라)

꾸이논 (비자야)

나짱 (카우따라)

농업을 근간으로 하는 중국 유교문화의 남비엣과 인도의 힌두문명을 기반으로 상업으로 먹고사는 참파는 이웃이지만 극단적으로 달랐다.
남비엣과 참파의 국경이 동아시아와 동남아시아의 문화적 단층이었던 셈이다.

동아시아　동남아시아

레딴통은 이런 참파를 야만인으로 규정했다.

공맹의 가르침을 모르는 오랑캐들이로다.

제8장 / 남비엣과 인도차이나 — 215

라오스나 크메르도 멸망의 위기가 있었지만 오늘날 국가의 명맥을 유지하고 있다. 하지만 한때 남비엣과 대등하게 다투었던 참파는 완전히 사라졌다. 그 전환점이 레탄똥에 의한 1471년의 비자야(꾸이뇬) 함락이다

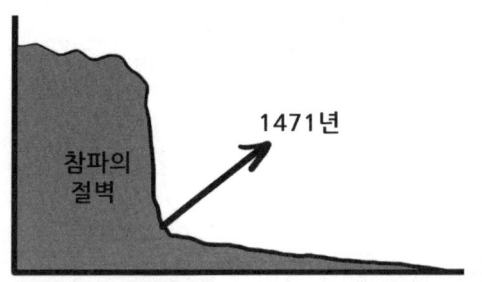

베트남은 참족들을 베트남식으로 창씨개명하는 등 민족말살정책을 폈다.

"넌 쩨일식, 넌 쩨이식, 넌 쩨삼식이."

한때 베트남을 벌벌 떨게 했던 참파왕 쩨봉나가 베트남인들에게 가장 유명했기에 참족 후손들에겐 쩨씨 성이 제일 흔하다나.

포 비나수오(쩨봉나)
Che Bong Nga
(??~1390)

지금 참족 인구가 가장 많은 곳은 베트남이 아니라 캄보디아이다. 베트남의 억압이 얼마나 지독했던지 수많은 참파의 후손들이 캄보디아로 도주했거든.

지금은 다 사라졌지만 1960년대 베트남전쟁 당시 참족해방전선의 깃발을 걸고 독립을 주장하기도 했다.

깃발에는 이슬람과 마자파히트의 요소가 섞여있다. 참파는 15세기에 이슬람으로 개종했는데 이건 참파가 대륙에 있으면서도 말레이 반도처럼 해양 동남아의 성격이 강한 상업국이었기에 자연스러운 일이었다.

"거래는 이슬람 카르텔끼리!"

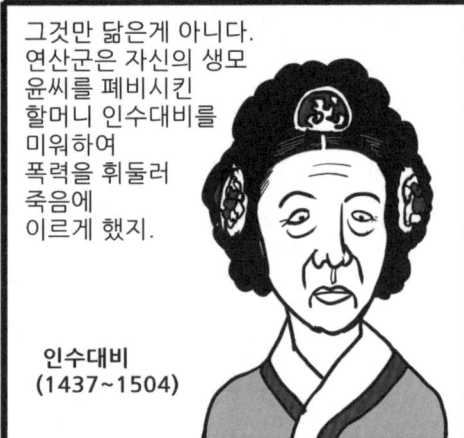

"막은 듣거라. 어찌 상국의 허락도 없이 무도하게 왕을 칭하는고?"

"잘못을 뉘우친다면 스스로 머리를 풀고 목에 밧줄을 걸고 죄인의 모습으로 나타나 이마를 땅에 찧으면 혹시라도 우리 황제께 용서를 청해보겠다."

1528년 막당융은 신하들을 대동하고 맨발 차림으로 국경지역까지 가서 무릎으로 기어 코우터우의식을 치렀다. 조선시대 인조가 삼전도에서 치른 코우터우만큼이나 베트남인들이 치욕으로 생각하는 역사이다.
막당융으로서는 레왕조가 명에 도움을 요청하고 있었기에 다급했으리라. 명의 군대에 뇌물도 두둑히 안겼다고 한다.

구질구질하게 정권을 잡은 막왕조는 오래 갔을까? 그렇지 못했다. 그래서 이야기가 복잡해진다. 그렇잖아도 복잡한 이야기를 더욱 복잡하게 만드는게 베트남에서 가장 흔한 이 성씨이다.

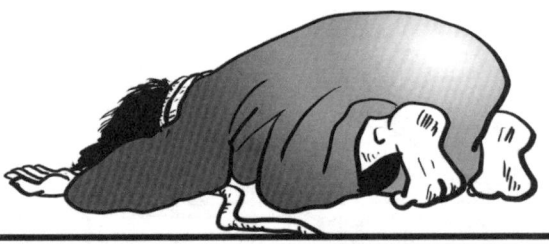

이 성씨가 도처에서 나타나 헷갈리게 하거든. 지금부터 이 성씨를 주구장창 만나야 하니 잠시 정리하고 넘어가도록 하자.

"나도 본명은 阮生恭이라우. (완생공)"

호치민

우선 발음과 표기 문제부터. 영어 알파벳으로는 Nguyen이라고 표기한다. 우린 옛날에는 '구엔'이라고 표기했었는데 요즘은 '응우엔'을 주로 쓰는 것 같다.

우리의 혈맹 월남의 구엔 반 티우 대통령께서...

둘 다 좀 그렇다.
우선 구엔은 영어 NG로 표현되는 음가를 무시하고 있다.
이건 훈민정음의 옛이응이 있었으면 해결될 수 있었을텐데.

음가는 '잉어'에서 '잉'의 이응이 아니고 이어서 발음되는 '어'의 이응 발음이다.
즉, 앞에 이응 받침이 있다고 생각하고 이응을 발음하면 비슷한 소리가 난다.

여담이지만 성이 그냥 Ng라고 적힌 명함을 처음 받아들었을 때 당황했던 기억이 있다.

어떻게 불러드려야 하쥬?

그냥 '응'으로 발음하면 된다.
이런 사람들은 거의 광동 출신이라고 보면 된다.
'오'씨를 중국 표준어로는 우(Wu)라고 읽지만 광동어 발음은 응(Ng)이다.

吳

구엔보다 응우엔이 낫지만 베트남 발음을 들어보면 1.5 음절 정도로 발음한다.
(응)우엔과 (응)웬의 사이 정도?

미스터 응/우/엔

나요?

그래서 지면을 낭비해가며 굳이 응우엔으로 쓸 필요는 없을 것 같아 이 책에선 '응웬'으로 표기하기로 한다.
성조는 표현할 길이 없으므로 포기하고...

NGUYỄN
(응)웬

100년 정도 필름을 빨리 돌리면...
막왕조는 두 가문의 연합군에 쫓기고 쫓겨 중국 국경 근처 까오방 산골에서 근근히 정권을 부지하다가 1677년에 완전히 멸망했고 찐가문이 북쪽을, 응웬가문이 남쪽을 차지하는 남북 분단시대가 도래한다.
1640년경의 상황이 대충 이랬다.

막왕조 잔당
찐가문의 당응아이(唐外)지역
응웬가문의 당쫑(唐冲)지역
크메르
참파 잔당

그런데 두 가문 다 형식상 레왕조에 충성하는 신하의 형식을 취했기에 명목일 뿐이지만 레왕조는 유지되었다. 일본의 간판인 천황과 실세 막부의 관계를 생각하면 된다. 단지 찐과 응웬 두 개의 막부가 있었던 거지.

사진 찍는데 좀 웃으시래두.

막왕조와 싸울 때는 연합했지만 권력을 나눠가진 역사가 오래 가본 적이 있던가? 세월이 흐르면서 남과 북 사이에 전쟁이 이어졌겠지.

이놈아 관군한테 덤벼?
이런 명분을 찾는게 딱 유교문화권이다.
니가 역적이고 내가 관군이지!

운명의 장난이었나보다.
묘하게도 응웬과 찐가문의 경계선이 20세기에 남베트남과 북베트남의 군사분계선이 된 북위 17도선과 거의 일치했다.

제8장 / 남비엣과 인도차이나 — 223

16세기에서 18세기까지 약 200년간 이어진 이 분단시대도 이후 남과 북의 지역성이 뚜렷이 차이나게 되는데 한몫을 했으리라.

꼭 다른 나라 같아...

찐가문의 북쪽은 홍강의 곡창지대를 갖고 있다보니 농업 중심의 폐쇄적인 유교사회였다.

우리가 적통이여.

반면에 남쪽의 응웬 지역은 참파문화와 섞이면서 개방적인 상업국가로 발전했지.
이때 국제무역도시로 번성했던 곳이...

會安
회 안

안전하게 만난다??

요즘 다낭, 후에와 묶어서 파는 베트남 패키지관광 상품에 등장하는 도시, 호이안이다.

후에
80km
다낭
26km
호이안

도시 이름들이 아무렇게나 지어지는게 아닌가보다.
말 그대로 포르투갈, 네덜란드, 중국, 일본 상인들이 안전하게 만나서 활발한 교역을 하던 도시였다.
그래서 지금은 베트남에서 가장 이국풍을 띠는 관광지가 되었다.

우리는 흔히 일본의 도쿠가와막부나 조선왕조나 똑같이 폐쇄적인 사회라고 생각하지만 동남아시아 곳곳에서 일본인들의 발자취를 발견할 수 있다. 특히 17세기 초반에는 막부가 붉은 도장을 찍어 허가했다고 해서 슈인센(朱印船)이라고 부르던 상선들이 활발하게 동남아 무역에 종사했다.

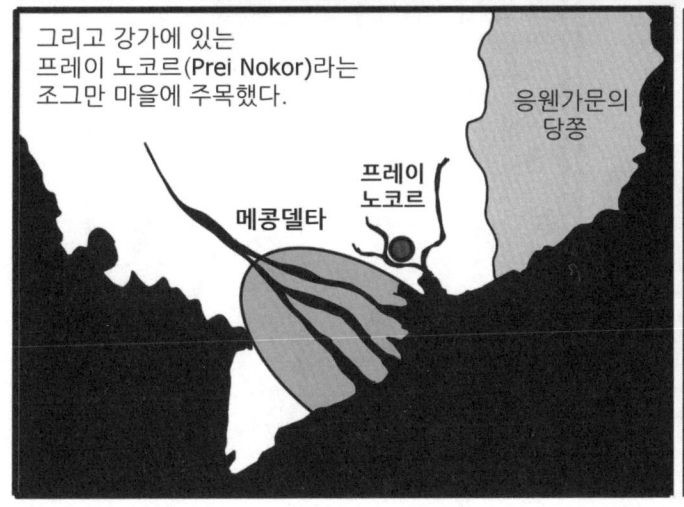

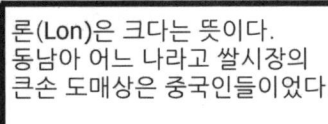

제8장 / 남비엣과 인도차이나 — 227

촐론은 사이공의 차이나타운이며 중국계 폭력조직의 소굴이기도 했다. 영화 디어헌터에서 등장하는 러시안 룰렛이 벌어진 사이공 뒷골목 장면은 허구이지만 만약 일어났다면 틀림없이 촐론의 뒷골목에서였을 것이다.

촐론 중국 폭력조직의 이야기는 나중에 60년대 베트남 대목에서 이어가기로 한다.

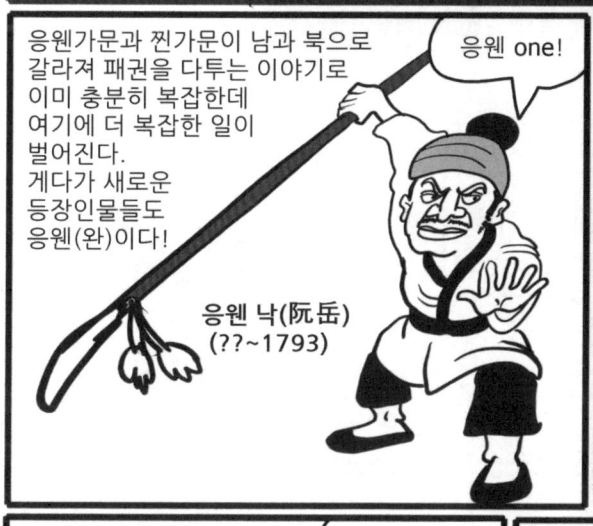

응웬가문과 찐가문이 남과 북으로 갈라져 패권을 다투는 이야기로 이미 충분히 복잡한데 여기에 더 복잡한 일이 벌어진다. 게다가 새로운 등장인물들도 응웬(완)이다!

응웬 one!

응웬 낙(阮岳)
(??~1793)

응웬 two!

응웬 루(阮侶)
(??~1787)

응웬 후에(阮惠)
(1753~1792)

응웬 three!!

응웬삼형제는 꾸이뇽 근처 타이손(西山) 출신이므로 타이손 삼형제라고들 흔히 부른다.

BTS로 불러주면 안되겠소?
Brothers from Tay Son!

— 촐론의 폭력조직 → 3권 46~50쪽

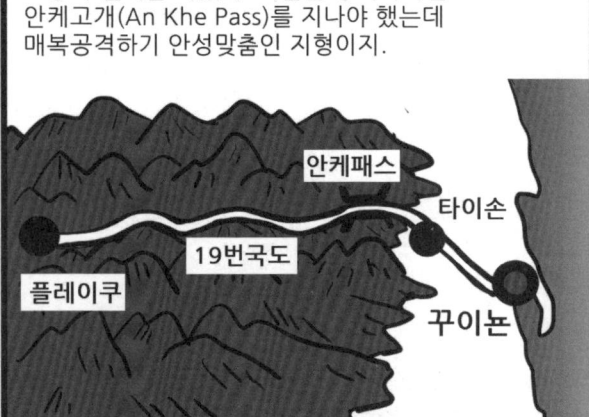

― 베텔 ← 1권 262~263쪽

제8장 / 남비엣과 인도차이나 — 229

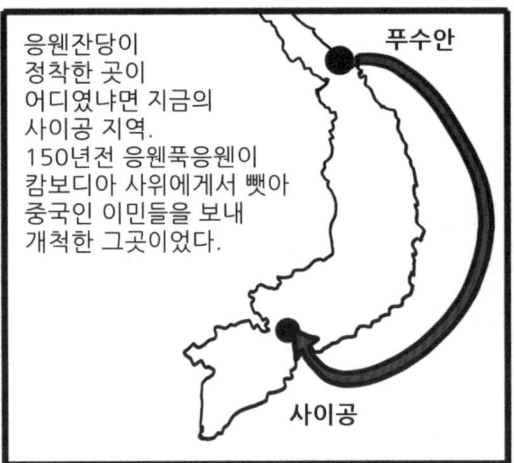

응웬잔당이 정착한 곳이 어디였냐면 지금의 사이공 지역. 150년전 응웬푹응웬이 캄보디아 사위에게서 뺏아 중국인 이민들을 보내 개척한 그곳이었다.

푸수안

사이공

타이손의 한 놈만 때리기 작전이 10여년 계속되면서 딘부엉은 포로가 되어 처형되고 그의 조카 응웬푹안만이 간신히 시암으로 피신했다.

이제 20대 청년이 된 응웬푹안은 나중에 다시 등장할 것이다.

응웬을 눌러놓고 타이손 형제가 한 일이 뭐였을까?

"찐에게 양보했던 푸수안을 찾아와야지."

푸수안(富春)은 베트남 마지막 왕조의 수도 후에(化)가 되는 그 도시이다.

후에(化) 공략은 막내인 후에(惠)가 맡았다.

운이 딱딱 맞잖아.

후에에는 멋진 이름의 강이 흐른다. "쏭후엉"

봄이면 상류의 과수원에서 떨어진 꽃잎이 흐르는 강을 타고 내려와 이런 낭만적인 이름이 붙여졌다나.

쏭 = 강, 후엉 = 향기

香江(향강)

영어로는
Perfume River

桃花流水杳然去.

* 도화유수묘연거: 이백의 산중문답에서 나오는 구절, "복사꽃이 물을 따라 아득히 흘러가다."

제8장 / 남비엣과 인도차이나 — 231

— 참파의 쩨봉나 ← 215쪽

(출처 ; 위키피디아)

1788년 청의 군대가 이 관문을 지나 땅롱으로 쳐들어왔다.

치우똥은 반역자다. 왕의 자격이 없어!

응웬후에는 다음날 푸수안에서 단을 쌓아 제사를 지내고 스스로 왕위에 올랐다.

꽝쭝(光中)황제!
도적 출신인 그의 동상이 지금도 곳곳에 서있는 이유는 이 당시 쳐들어온 청군의 침략을 물리친 공적 때문일 것이다.

1968년의 구정공세(Tet Offensive)는 베트남전쟁의 전환점이 된 사건이다. 베트민군은 응웬후에, 꽝쭝황제에게서 영감을 얻었는지도 모른다.

구정은 중국인에게나 베트남인에게나 가장 큰 명절이다. 손쉽게 땅롱을 점령하고 구정 잔치를 벌이고 있던 청군은 응웬후에의 기습에 대혼란이 일어났다. 베트남군의 칼에 죽은 전사자보다 급히 철수하는 바람에 홍강의 다리가 무너져 죽은 숫자가 훨씬 더 많았단다.

내가 구정공세의 원조란 사실을 지적하다니 기특하도다.

이 대목은 역사 기록에는 누락되어 있다.

여봐라, 홍강교량 부실공사 책임자를 데려오너라. 표창을 해야겠다.

- 구정공세(Tet Offensive) ➜ 3권 87~92쪽

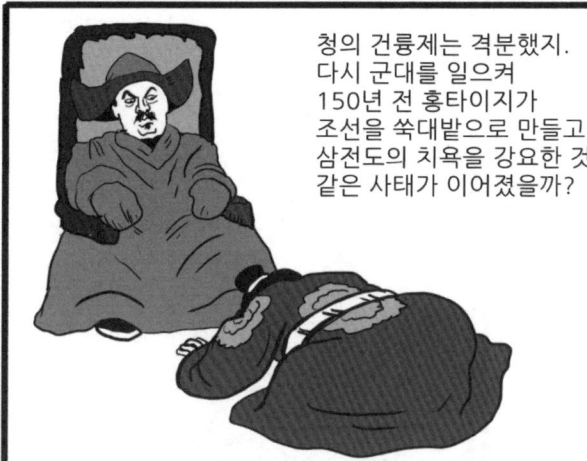

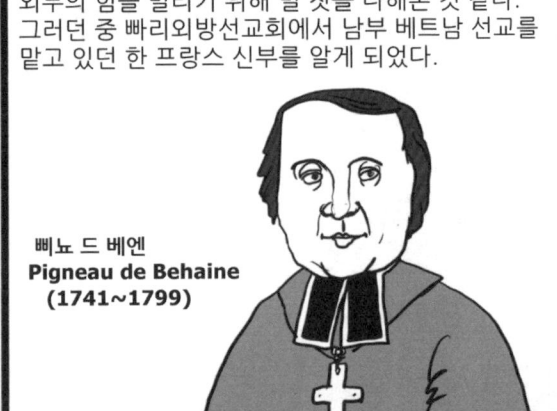

제8장 / 남비엣과 인도차이나 — 237

삐뇨 신부는 상당한 수완가였나보다.
동남아에서 이권을 기대하는
프랑스 사업가들에게서
기부금을 걷어 최신식
무기를 사모으고
모험가나 프랑스 군대
탈영병들을 모아
자원병 군대를 만들었다.
그 와중에
서양식 군함까지
네 척이나
장만했단다.

추웅~성!!

중간 과정들은 건너뛰자.
1802년 응웬푹안의 군대가 꽝쭝황제의 아들 깐띤(景盛)의 마지막 도피처 땅롱을 함락함으로써 타이손 정권은 최후를 맞았다.

타이손정권의 붕괴에 삐뇨신부가 마련한 서양식 무기와 용병들이 큰 역할을 한 것은 사실이지만 이것만으로 응웬푹안의 승리를 설명하는건 지나친 단순화일 것이다.

더 큰 이유는 타이손 정권 내부의 문제가 아니었을까? 응웬후에(꽝쭝황제)와 응웬낙은 서로 내전을 벌였고 이들이 1792~93년 연달아 급사한 후 후계자들의 역량은 아버지들에 미치지 못했다.

30여년 전 푸수안을 탈출하여 이리저리 떠돌며 타이손에 복수를 다짐했던 소년 응웬푹안이 **지아롱황제**를 칭하며 베트남의 마지막 왕조인 **응웬왕조**를 열었다.

끈질기게 살아남은 자가 이긴 것이다.

응웬푹안(阮福暎)
지아롱황제(嘉隆帝)
(1762~1820)

제8장 / 남비엣과 인도차이나 — 239

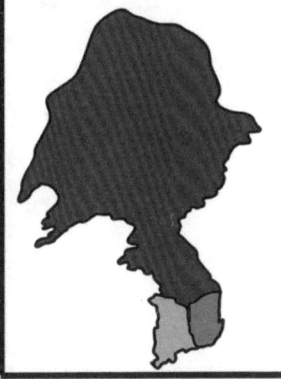

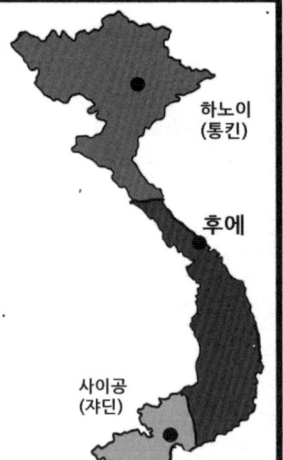

베트남의 지역별 차이는 오랜 역사에 뿌리를 두고 있다.
통일은 했지만 지아롱은 국토를 세개로 나누어 다스렸다.
중부는 후에에서 자신이 직접 통치했지만 남부와 북부에는 상당한 자치를 허용했다.

하노이 (통킹)
후에
사이공 (쟈딘)

타이손을 몰아내면서 신세 진 호족들이 많았을거고 이들에게 폼나는 자리를 마련해줘야 했겠지.
그 대신 전국을 연결하는 명령전달 시스템을 만들었다.

비켜라! 파발이다.

후에에서 하노이는 닷새만에 공문을 도착시킬 수 있었고 남쪽 도로 사정은 안 좋았는지 사이공까지는 15일이 걸렸다.
이 시간을 넘기면 파발꾼은 곤장을 맞아야 했단다.

지아롱은 보수적인 골수 유교 신봉자였지만 프랑스인들의 도움을 받았기에 카톨릭의 활동을 묵인했다.
1799년 삐뇨신부 장례식에 지아롱황제와 깐세자가 바친 조문이 남아있다.

지아롱에 이어 깐세자가 왕위를 이었다면 19세기 베트남의 역사가 조금은 달리 진행되었을지도 모른다.
어릴 때부터 삐뇨신부를 따라 유럽을 경험 했으니까...

하지만 그는 1801년 천연두에 걸려 21세의 나이로 요절하였다.

지아롱은 깐의 어린 아들 대신 깐의 이복동생을 후계자로 지명하였는데 이유는...

이 복잡한 나라를 이끌려면 서양물이 들지 않은 고집이 세고 타협을 모르는 유교주의자라야 해.

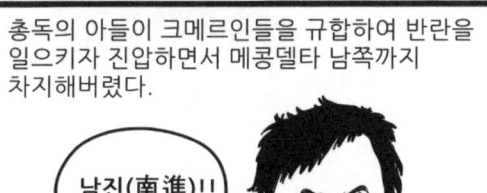

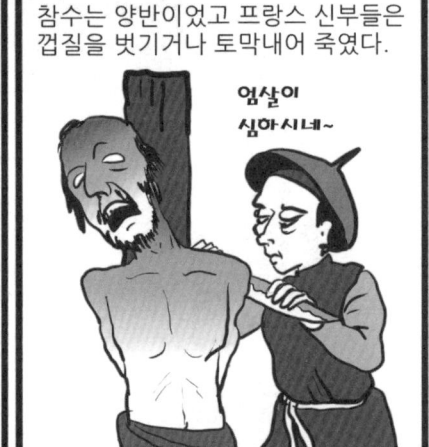

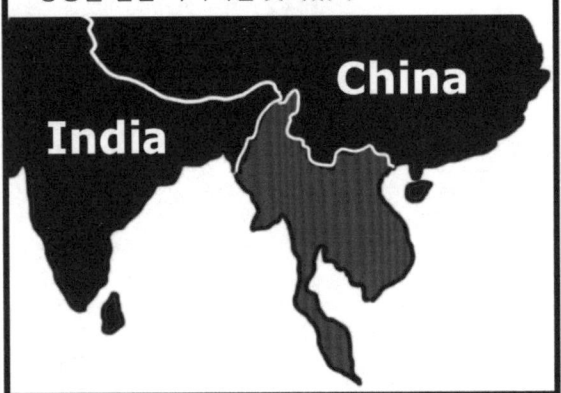

인도와 차이나의 양대 문명권 사이에서 영향을 받은 지역이란 뜻이렸다.

틀린 말은 아니지만 상당히 모욕적인 용어이다. 유럽은 그리스와 로마문명의 영향을 받았다. 그렇다고 각국의 정체성을 무시하고 유럽 전체를 싸잡아 그레코로마(Greco-Roma)라고 부른다면 좋다고 할까?

나중에 프랑스가 베트남, 라오스, 캄보디아를 차지하고 프랑스령 인도차이나라고 불렀다.
(French Indochina)

이게 굳어져 인도차이나 반도 하면 동남아 대륙부 전체가 아닌 이 3개국만을 칭하는 말이 되어버렸다.

민망의 유지에 따라 4대 뚜둑황제는 카톨릭에 대한 박해를 더욱 강화하고 있었다. 나폴레옹 3세에게는 좋은 구실이 되었겠지.

1856년 다낭으로 함대를 보냈는데

베트남을 혼내줄 군사기지를 확보하라!

1차 시도는 실패하여 소득없이 철수하였다. 뚜둑황제가 이렇게 비웃었다고 한다.

프랑스인들은 짖기만 할 뿐 염소새끼처럼 도망치는구나.

10년뒤 병인양요 때 프랑스군이 강화도에서 철수하자 대원군도 우쭐했었지.

서양 오랑캐들 별것도 아니구먼.

제8장 / 남비엣과 인도차이나 — 245

– 쟈오쯔 ← 194쪽

그리고 아이러니칼하게도 라틴 알파벳으로 만든 이 문자를 뭐라고 불렀냐면...

국어
(國語)
QUỐC NGỮ

국어의 베트남 발음이 바로 '꿕누'이다.

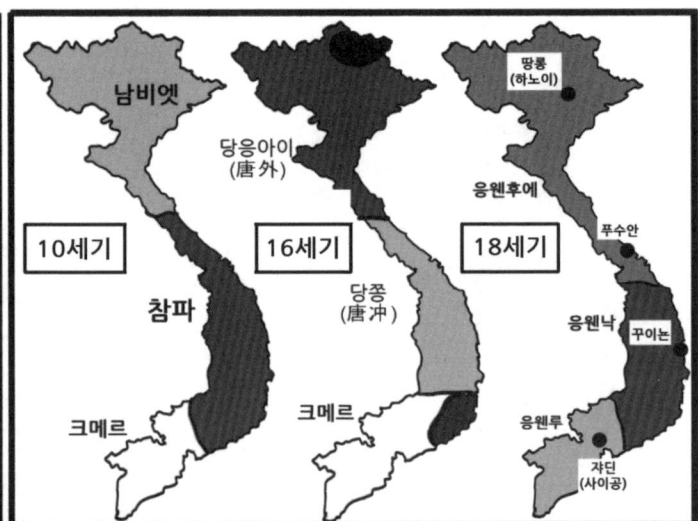

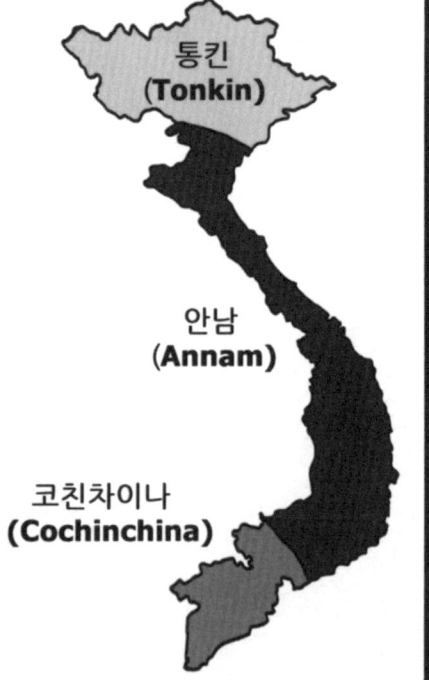

한편 캄보디아에서는...
19세기에 이르러 크메르제국의 영광은 먼 옛날의 이야기가 되었다.
베트남과 시암 사이에 낀 동네북 신세로 전락해있었다.

베트남과 시암이 모두 종주권을 주장하는, 두 나라의 만달라가 충돌하는 지역이 바로 캄보디아였던거지.

캄보디아의 왕자 노로돔은 열여섯 살때 아버지 앙두엉왕의 명에 따라 이복동생 시소왓과 함께 시암으로 유학을 가서 시암군에 복무했다.
이런걸 보면 캄보디아가 온전한 독립국은 아니었던 것 같다..

노로돔(Norodom)
(1834~1904)

1860년 앙두엉왕이 병사하여 왕위에 오르려고 하는데 대관식에 필요한 캄보디아왕실의 상징들을 시암이 맡아서 가지고 있었는데 내주질 않는거야.

이러다가 언제 시암에 먹힐지 모르겠군.

베트남 남부를 차지하고 있던 프랑스를 비밀리에 접촉했다.

혹시라도 캄보디아엔 관심이 없으신가요?

제8장 / 남비엣과 인도차이나 — 257

제8장 / 남비엣과 인도차이나 — 259

특히 1906년에 프랑스에 국빈자격으로 방문하여 마르세이유 세계박람회를 참관하였는데

이때 프랑스의 문물을 구경한 추억을 죽을 때까지 잊지 못했다.
라 벨르 에뽀끄(La Belle Epoque)라 불리던 유럽과 프랑스의 전성기, 아름답던 시절이었거든.

더구나 시암에게 빼앗겼던 시엠립과 바탐방 지역을 프랑스가 1908년에 되찾아주자 프랑스에 대한 존경과 감사는 극에 달했지.

드디어 앙코르와트를 찾아왔도다!!

감사의 표시로 시소왓은 1차대전이 발발하자 2천명의 캄보디아 군대와 노무자를 프랑스 전선에 보냈는데 이때 인력 모집과 송출을 책임진 인물이 왕세자 시소왓 모니봉이었다.

Sisowath Monivong
(1875~1941)

나 아들

— 출라롱꼰의 영토 양보 ← 179~180쪽

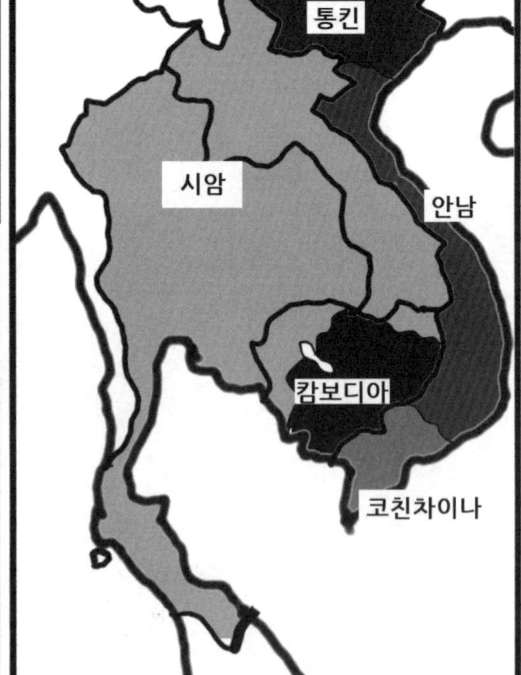

제8장 / 남비엣과 인도차이나 — 261

프랑스령 인도차이나의 마지막 단추 라오스를 잠깐 돌아보자. 그나마 반짝했던 란상왕국이 멸망한 후 시암의 만달라에 편입되었지.

백만마리 코끼리의 왕국 란상

비운의 국민영웅 아누웡이 저항을 시도했으나 비참한 죽음을 맞았었다.

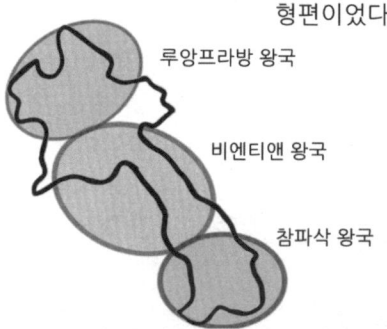
시암의 보복으로 비엔티앤왕가는 초토화되었고 루앙프라방과 참파삭 왕가는 숨만 붙어 있는 형편이었다.

루앙프라방 왕국
비엔티앤 왕국
참파삭 왕국

여기다가 시암의 강제적인 이주정책과 노예사냥으로 라오스 지역은 권력의 진공, 카오스 상태가 되어버렸지.

라오스
태국
코랏고원 (이산주)

이런 라오스에게 프랑스는 정복자라기보다 구원자로 다가왔다.

청을 쫓아내고 이 땅에 태평천국(太平天國)을 이루리라!

19세기 중반 중국에서 홍슈취안이란 인물이 한바탕 난리를 벌였는데

태평천국의 세력이 기울기 시작하자 그 패잔병들과 이판사판 갈데 없는 유민들이 권력의 공백지대인 라오스 북부의 산악지대로 몰려들기 시작했다.

- 아누웡 ← 170~171쪽

- 라오쑹 ← 1권 62쪽
- 디엔비엔푸 전투 → 3권 34~39쪽

구원의 손길은 운캄왕을 방콕으로 무사히 탈출시켰다. 고령의 국왕은 감격했겠지.

이 은혜를 어찌 다 갚으리오!

은인의 정체는 오귀스뜨 빠비, 이 사건이 일어날 당시 주라오스 프랑스 부공사로 루앙프라방에 주재하고 있었다.

Auguste Pavie (1847~1925)

19세기 동남아 역사에는 유럽의 모험가들이 등장한다. 국가가 아닌 개인 모험가가 역사를 바꾸기도 했다.

대표적인 예가 사라와크의 백인왕자(White Rajah) 제임즈 브루크인데,

James Brooke (1803~1868)

오귀스뜨 빠비도 대단한 모험가였다. 스물두살에 프랑스 해병대원으로 인도차이나 땅을 처음 밟았다.

내 고향에 온 것 같군. 여기가 너무 좋아!

아쉽게도 곧 이 모험의 땅을 떠나야 했다. 1871년에 프랑스-프러시아전쟁이 일어났거든. 하지만 삽시간에 프랑스가 패하는 덕분에 곧 돌아올 수 있었지.

인도차이나에 갈수만 있으면 아무 자리나 좋습니다.

밀림 속 오지에 통신소 보조원 자리가 있는데 가보겠나?

이상한 젊은이군.

오~ 예!

— 제임즈 브루크 ← 1권 314~318쪽

제8장 / 남비엣과 인도차이나 — 265

캄보디아의 오지에서 현지어를 배우고 현지 문화에 적응했다. 현지음식을 먹고 소박한 옷차림으로 살았다. 넓은 챙의 모자는 그의 트레이드 마크였다.

딱 내 입맛이네. 김치 더 없수?

162cm의 키와 빈약한 체구가 현지인들의 경계심을 풀었는지도 모른다.

우리랑 비슷하잖아?

빠비는 학벌도 배경도 없이 인도차이나 현지화 지식과 수완으로 출세한 사람이다. 정통외교관들은 그를 싫어했지.

동키호테 같은 녀석이야.

하지만 실적으로 보여줬다. 루앙프라방 국왕 운캄의 신뢰를 얻었고

힝~

운캄의 적이었던 데오반찌 마저 포섭하는데 성공했다.

시암과 협상하여 아들들을 석방하기로 타협을 봤소이다.

히잉~

그는 이런 공작들에 자신의 브랜드를 붙여 자랑했다.

La conquête des coeur

마음(coeur)을 정복한다(conquête), 이런 얘기 되겠다.
하지만 오귀스뜨 빠비가 마냥 말랑말랑한 인물은 아니었다. 1893년 팍남사건 때 방콕에 주재중이었는데 한몫 갑질을 했지.

포신을 시암의 궁정으로 겨누고 최후통첩을 날렸다.

라오스를 포기하라. 딱 48시간 주겠다.

— 팍남사건 ← 172~173쪽

프랑스령 인도차이나에 이렇게 1893년 라오스까지 더해져 그 모습을 완성했다.

프랑스는 코친차이나만 직접 통치하고 안남, 통킨, 캄보디아, 라오스는 보호국으로서 왕실을 유지하여 부분적인 자치를 허용하는 형식을 취했다.

라오스와 캄보디아는 프랑스의 보호통치를 반겼을지 모르지만 베트남은 입장이 달랐다.

우린 오랑캐들과는 근본이 다르다구.

깐부엉!!

껄끄러웠길래 베트남만 코친차이나, 안남, 통킨으로 분리했겠지. 이 가운데에선 그나마 코친차이나가 프랑스인들에겐 가장 편했다. 참파, 크메르의 문화가 섞여있었고 베트남이 점령한 이후에도 해외무역에 의존하는 개방적인 지역이었다 게다가 프랑스가 인도차이나에서 처음 점령한 지역으로서 꿕누문자를 적극적으로 보급하며 가톨릭과 프랑스 문화를 전파한 곳이었다.

덕분에 코친차이나의 수도 사이공은 '동양의 진주', '동양의 빠리'로 불리우며 프랑스인들이 가장 사랑하는 개방적 국제도시가 되었다.

반면에 하노이는 폐쇄적 순혈주의 도시였다. 20세기초 사이공 인구 7만명 중 프랑스인이 1만명, 중국인이 2만명이었으나 하노이는 8만명 중 프랑스인과 중국인을 합쳐도 3천명에 못 미쳤다.

제8장 / 남비엣과 인도차이나 — 267

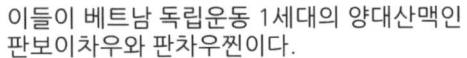

제8장 / 남비엣과 인도차이나 — 269

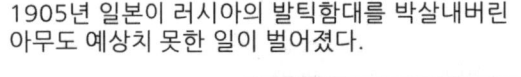

제8장 / 남비엣과 인도차이나 — 271

호치민(胡志明)
(1890~1969)

— 호치민의 투쟁 ➡ 3권 제10장

제9장
아름다운 시대의 종말

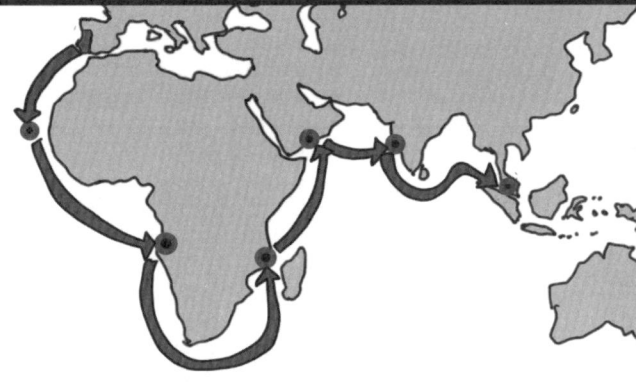

직접 현지인을 손보는 건 아주 유치한 방법이다.

현지인을 다루는데는 현지인을 써야지. 전통적 지배계층을 부역자로 활용했다.

이권을 적절히 줬다 뺏었다 하면 쉽게 조종할 수 있거든.

밀당만 잘하면 현지인 권력자들을 민중들과 분리하여

계층간 격차를 벌이고 갈등을 더욱 심화시킬 수 있었다.

그래도 아직 뭔가 불안하면

이민족을 끌어들여 감투를 씌우고

세금 걷는 것 같은 인기없는 일을 맡긴다. 소위 택스팜(Tax Farm)이다.

이러면 유럽 식민지 정부는 직접 손을 더럽히지 않고 현지인과 이주민들끼리 서로 지지고 볶으면서 돌아가는거지.

– 택스팜 ← 1권 114~115쪽

제9장 / 아름다운 시대의 종말 — 277

그래서 필리핀에서는 이런 복잡한 먹이 사슬이 형성되기도 했었지.

페닌슐라레 / 인슐라레 / 스페인계 메스티조 / 프린씨팔리아 / 중국계 메스티조 / 중국인 / 인디오 / 모로

그런데 이게 옛날 얘기로 끝난게 아니다. 식민지 분할통치(divide and rule)의 상처는 오늘날에도 그 지역을 괴롭히는 현재진행형이다. 버마의 예를 들어보자.

소수민족들을 이용해서 압도적 다수인 버마족을 견제해야겠어.

버마에는 수많은 소수민족들이 있다. 주류인 버마족이 이라와디강 유역의 평야를 차지하고 있었고 소수민족들은 평야를 말발굽처럼 둘러싸고 있는 산지에 살고 있었지.

그 가운데 이 지역에 몰려 사는 카렌족은 일찌기 기독교를 받아들였다.

미국인 목사의 헌신적인 선교활동도 있었지만 카렌족의 민족설화에 이런 이야기들이 등장한다는거야.

아주 오랜 옛날에 대홍수가 일어나 세상이 잠겼단다.

여자는 남자의 갈빗대로 만들었지.

먼훗날 멀리 바다 건너에서 온 사람이 소중한 책을 가져다 줄거다...등등

- 필리핀의 계급구조 ← 32~35쪽
- 미얀마의 소수민족 → 4권 136~137쪽

영국 식민지정부는 기독교로 개종한 카렌족들에게 일제시대의 고등계 형사같은 역할을 맡겨 버마족의 반란을 제압하는데 활용했다.

중간 공무원이나 군간부직에 카렌족들을 중용했고 영국식 교육기회도 제공했지. 식민지 시절에 카렌족은 영국인 다음의 2등시민이었고 버마족은 최하층의 3등시민이었다.

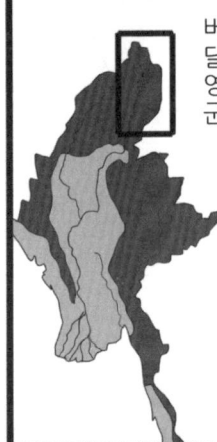

버마 북부의 카친족은 정글전의 달인으로 알려져 있다. 영국은 이들을 네팔의 구르카처럼 군인으로 이용했다.

당연히 버마가 독립한 후 버마족과 이들 사이에 갈등과 내전이 이어졌다.

우리는 독립국이야!!

그런데 카렌민족해방군기에는 왜 욱일기의 반쪽이 들어가 있는거야?

영국이 말레이반도에 중국인들을 데려다가 노동력을 보충하고 소매유통에 활용했듯이

버마에는 인도인들을 들여왔다. 인도 이민이 절정이었던 1927년에는 그 한 해만 무려 48만명이 몰려왔단다.

이 사람들도 이들 중 일부였다...로힝쟈.

Rohingya

— 로힝쟈(발음) ➔ 4권 137쪽

제9장 / 아름다운 시대의 종말 — 279

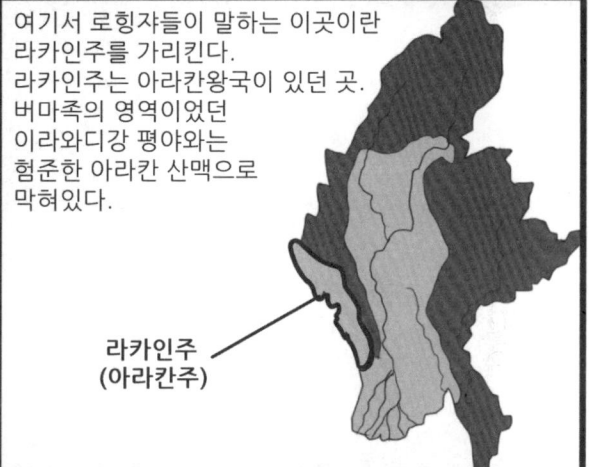

- 반둘라의 항전 ← 102~106쪽
- 아라칸 왕국 ← 68~70쪽

제9장 / 아름다운 시대의 종말 — 281

White Man's Burden

백인의 짐을 져라.
가장 잘 기른 아이들을 뽑아서 보낼지어다.
너희가 지배할 자들에게 봉사하기 위하여
너희 아들들을 오지로 보내라.
육중한 장비를 갖춰입고 봉사하게 하라.
정처없이 헤메는 미개한 족속들,
반은 악마이고 반은 아이인
너희가 새로 포획한
감사를 모르는 인종들을 위하여.
……운운

— 미국의 필리핀 점령 ➜ 4권 21~26쪽

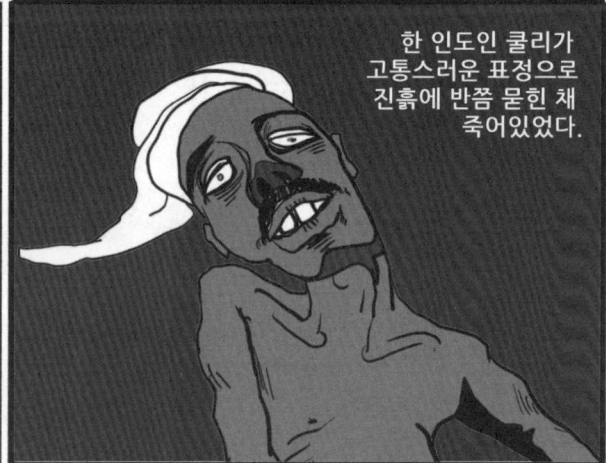

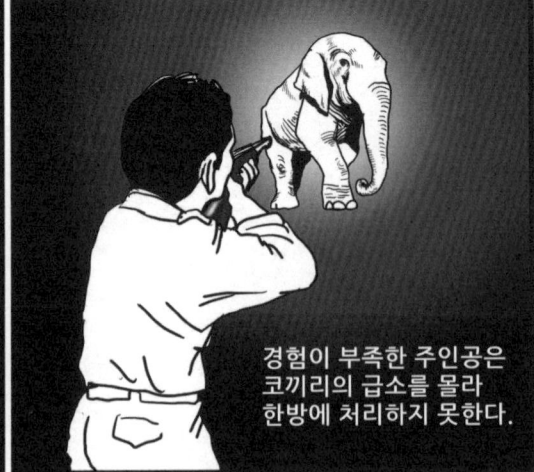

제9장 / 아름다운 시대의 종말 — 285

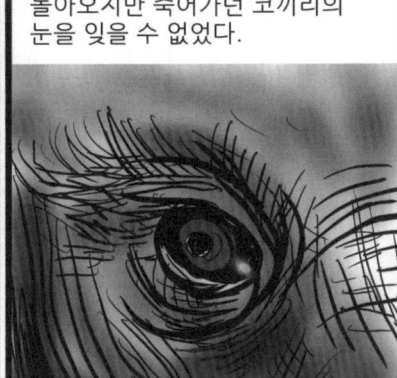

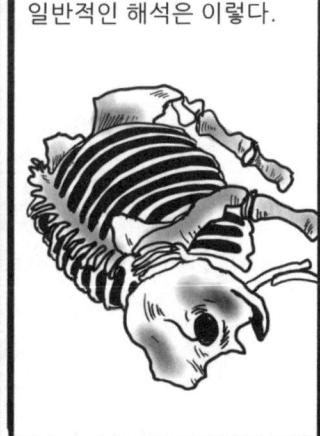

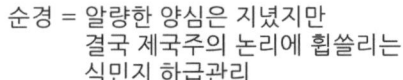

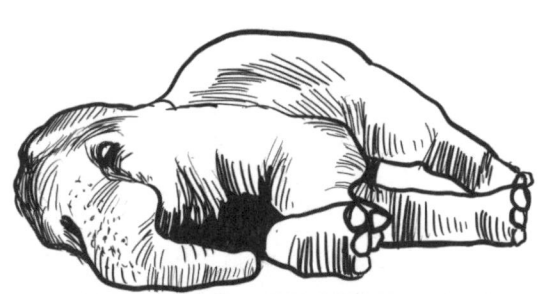

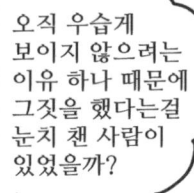

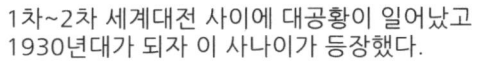

좁은 싱가폴에만도 유럽인들의 사교장인 백인 남성 전용 클럽이 여러개 있었다.

Singapore Club, Tanglin Club, Cricket Club, Swimming Club, 등등등...

물론 옥스브리지 출신이라면 더 대우를 받았지만 평범한 사내들도 이렇게 불러주었다.

투안~
(주인님)

반대로 이 시대에 유럽에 유학을 갈 정도의 현지인이라면 대개 왕족이나 귀족 신분의 엘리트 계층이었는데 그들이 유럽에서 받는 대우는 참담했다. 나중에 버마의 대통령이 되는 바우의 경험담이다.

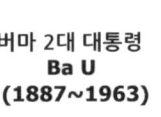
버마 2대 대통령
Ba U
(1887~1963)

영국행 배에서부터 분위기가 싸했죠.

내가 식당에만 들어서면 유럽인들은 식사를 멈추고 나를 쳐다봤어요. 인도인 웨이터까지도.

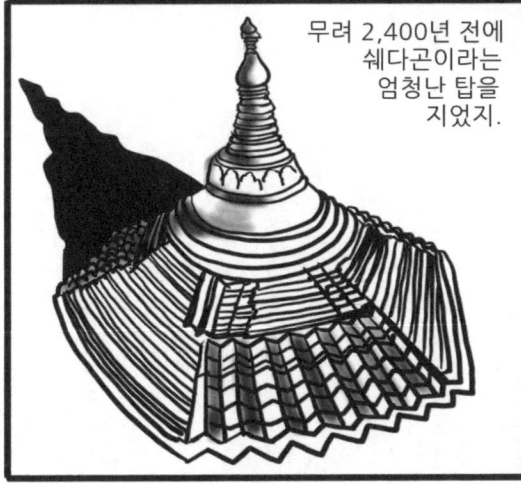

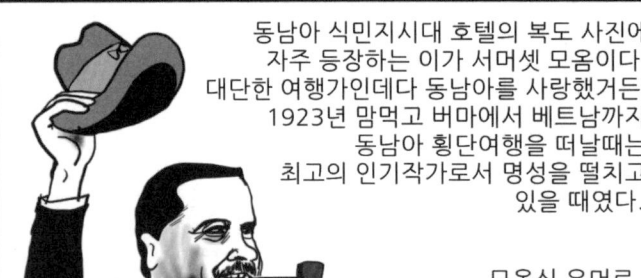

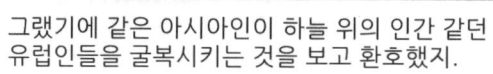

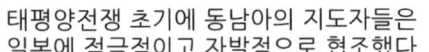

- 스즈키 케이지 ➜ 4권 117~121쪽
- 이마무라 히토시 ➜ 3권 224쪽 / 데위수카르노 ➜ 3권 222~223쪽

제9장 / 아름다운 시대의 종말 — 299

— 피분의 친일정책 ➜ 4권 188~189쪽
— 퍼씨벌의 패전 ➜ 3권 152~156쪽

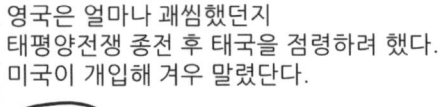

제9장 / 아름다운 시대의 종말 — 301

한 중국인의 목이 극장 앞에 걸려 있었는데

팻말에 적힌 그의 죄목은 고작 물건을 훔쳤다는 것이었다.

또 한번은 고모집에 심부름을 가는데
야, 너 이리와.

다짜고짜로 귀싸대기를 얻어맞고 무릎을 꿇린 채 가슴에 발길질을 당했다. 이유는 지엄한 대일본제국의 군인에게 경례를 하지 않았다는 것이었다.
바가야로!

일본군은 천황까지 동원하여 선전한 대동아공영권의 프로파갠다를 왜 이리도 허망하게 스스로 무너뜨렸을까?
열아홉살 학생에게 경례를 받는게 그리도 중요했을까?

처음에 미국은 분노했다.

"뻔뻔스럽군. 공이 가장 큰 우리도 필리핀을 내놓는데."

F.D.Roosevelt (1882~1945)

헌데 1945년 4월, 유럽의 동남아 재점령에 부정적이던 루즈벨트가 급사해버리는 바람에 부통령 트루먼이 대통령에 취임했다.

Harry Truman (1884~1972)

"오우! 찬스."

대통령만 바뀐게 아니었다. 트루먼이 취임한 후 소련의 팽창 야욕에 대한 의심이 깊어지면서 미국 정가에는 냉전이론이 부상하기 시작했다.

"공산주의만 막을 수 있다면"

"동맹국들이 무슨 짓을 하던"

"노코멘트."

미국의 묵인 아래 옛 식민지로 돌아간 프랑스와 네덜란드

그리고 그들에 저항한 동남아인들의 역사, 디엔비엔푸의 처절함과 바딘광장, 메르데카광장의 감격은 차차 이야기 하기로 하고...

제9장 / 아름다운 시대의 종말 — 305

태평양전쟁 후 새로운 최강자로서 동남아에 들어온 미국은 어떤 나라인가?

인디언들에게 빼앗은 북미대륙은 하늘이 내린 땅이었다. 대서양과 태평양이라는 거대한 바다가 잠재적인 외부의 적으로부터 미국 본토를 지켜주고 있다.

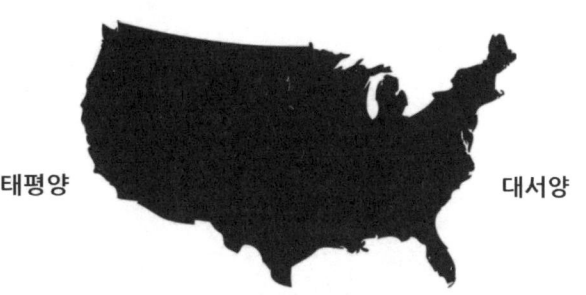

태평양   대서양

그래서 역사상 한번도 미국 본토에서 전쟁을 치른 적이 없다. 자기들끼리 싸우는 독립전쟁이나 내전을 제외하고는.

자기 땅도 감당 못할 정도로 넓기 때문에 식민지 영토 욕심도 없다. 페리제독이 일본에 요구한 것도 통상권 뿐이었다.

다행히 땅을 내놓으라는 요구는 안하는군.

그럼 필리핀은 왜 점령한거야?

미국에게 필리핀은 스페인처럼 노동력과 자원의 수탈 대상이 아니고 아시아 대륙의 문전에 띄워놓은 가라앉지 않는 커다란 항공모함이었다.

그래서 필리핀을 독립시킨 후에도 클라크 공군기지와 수빅의 군항만은 그렇게나 끝까지 집착했던거지.

클라크
수빅
마닐라

20세기 후반 미국은 동남아를 냉전의 전초기지로 보았다. 누구나 알고 있는 냉전 논리가 소위 도미노 이론이다.

(그림 출처 ; 위키미디어)

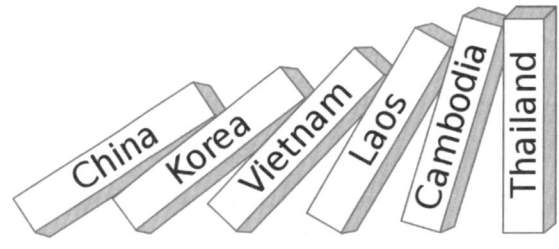

하지만 동남아인들은 저항했다. 고통스러웠지만 동남아의 민주주의는 한 발자국씩 전진했다.

1976년 태국 10-6 학살사건

1986년 필리핀 EDSA혁명

1988년 미얀마 8888 민주혁명

(출처 ; 위키피디아) (Lakbay ng Lakan) (World Press)

– 사릿 타나랏 ➜ 4권 200~204쪽

이렇게
20세기 후반의 동남아는
미국 CIA의 시대였으며
스트롱맨들의 시대였으며
쿠데타의 시대였으며
독재와 부패의 시대였으며

동시에 산업화의 시대였으며
이에 저항하는 학생시위와
시민혁명의 시대였다.

그래서 그들이
우리와 무관하지 않은,
연대해야 할 형제국가들임을
일깨워 준다.

남의 일 같지 않은
동남아 국가들의
20세기 현대사,
독립과 부패와 혁명의 드라마.
앞으로 그 이야기를
따라가볼 참이다.

2권 마침.
- 3권으로 이어집니다.

참고 연표

802	캄보디아	크메르제국 자야바르만 2세 즉위
1009	베트남	리왕조 개조
1113	캄보디아	수야바르만 2세 즉위
1182	캄보디아	자야바르만 7세 크메르 중흥
1225	베트남	짠왕조 개조
1238	태국	수코타이 왕국 건국
1288	베트남	몽골군 남비엣 3차 침공 실패 (박당강전투)
1292	인도네시아	마자파히트 건국
1292	세계	마르코 폴로 여행기 출간
1405	세계	정화(쩡허)의 1차 원정
1427	베트남	레러이 명군 격퇴, 레왕조 개조
1488	세계	바르톨로뮤 디아즈 희망봉 항로 발견
1498	세계	바스코 다 가마 인도 케랄라지역 도착
1511	말레이시아	포르투갈 믈라카 점령
1521	필리핀	마젤란 쎄부에서 라푸라푸 추장에게 살해되다.
1571	필리핀	스페인 마닐라에 거점을 구축하다.
1588	세계	스페인 무적함대 영국에 대패하다.
1602	인도네시아	네덜란드동인도회사(VOC) 설립
1619	인도네시아	바타비아에 네덜란드 거점을 구축하다.
1623	인도네시아	VOC, 영국동인도회사 공격, 암본학살
1653	세계	VOC 직원 하멜 조선에 표류
1667	세계	영국과 네덜란드, 룬섬과 맨하탄 맞교환
1693	베트남	참파, 남비엣에 멸망

1752	버마	꼰바웅왕조 성립
1767	태국	버마의 침공으로 아유타야 멸망
1782	태국	통두앙(라마 1세) 짜끄리왕조 세우다.
1782	베트남	타이손 형제 다이비엣 통일
1786	말레이시아	영국, 페낭 점령
1802	베트남	지아롱황제 즉위, 응웬왕조 성립
1807	필리핀	아귀날도, 보니파시오를 처형시키다.
1819	말레이시아	래플즈 싱가폴 진출
1823	버마	영-버마 1차 전쟁
1824	말레이시아	런던조약, 네덜란드와 영국 믈라카/벤쿨루 교환
1828	라오스	아누웡의 반란 실패, 비엔티앤왕국 소멸
1841	말레이시아	제임스 브루크 사라와크지역 라자 취임
1842	세계	청, 1차 아편전쟁 패배, 난징조약
1849	인도네시아	네덜란드 발리 침공, 푸푸탄 발생
1851	버마	영-버마 2차 전쟁
1857	세계	인도 세포이 반란
1859	베트남	프랑스군 사이공점령, 자유무역항 선언
1860	캄보디아	앙리 무오 앙코르유적 답사
1863	캄보디아	캄보디아 프랑스보호령으로 편입
1867	말레이시아	페낭, 싱가폴, 믈라카 영국의 직할 식민지 승격
1869	세계	수에즈운하 개통
1870	세계	미국 대륙횡단철도 완공
1874	말레이시아	팡코르조약, 영국 말라야 내륙진출

1883	베트남	프랑스의 베트남 병합
1886	버마	영-버마 3차 전쟁, 꼰바웅왕조 멸망
1887	베트남	프랑스 인도차이나연방 수립
1893	태국	팍남사태. 프랑스-시암 전쟁
1896	필리핀	호세 리잘, 스페인에 의해 처형
1898	필리핀	미국-스페인 전쟁
1904	캄보디아	노로돔사망, 시소왓 즉위
1909	태국	말레이반도 북부 4개 주, 영국에 할양
1917	세계	러시아 볼셰비키 혁명
1920	베트남	호치민 프랑스공산당 입당
1924	베트남	베트남청년혁명동지회 결성
1932	태국	쿠데타로 절대왕정 폐지, 입헌군주제 실시
1939	태국	타일랜드로 국호 개명
1941	베트남	베트민(월맹) 창건
1941	세계	일본 진주만 공습
1942	캄보디아	노로돔 시하누크 즉위
1942	말레이시아	영국령 싱가폴, 일본에 함락되다.
1945	인도네시아	수카르노, 인도네시아 독립선언
1945	베트남	호치민 베트남 독립선언
1946	필리핀	필리핀 미국으로부터 독립
1946	태국	마히돈국왕 의문사, 푸미폰국왕 승계
1946	베트남	프랑스 군함의 하이퐁 포격(1차 인도차이나 전쟁 발발)
1947	버마	아웅산 암살

1949	인도네시아	네덜란드 드디어 인도네시아에서 철수하다.	
1949	세계	중국공산당의 승리 (국민당 패퇴)	
1953	캄보디아	시하누크, 캄보디아 독립선언	
1954	베트남	디엔비엔푸 전투, 제네바평화협정	
1955	인도네시아	반둥 아프리카-아시아 비동맹회의 개최	
1955	캄보디아	시하누크 왕위반납, 선거 승리	
1955	베트남	남베트남 단독선거 실시	
1957	말레이시아	말라야연방 독립	
1957	필리핀	비행기 추락, 막사이사이 사망	
1957	태국	사릿 타나랏, 쿠데타로 집권	
1963	캄보디아	시하누크 중국과 우호조약 체결, 미국 지원 거부	
1963	베트남	쿠데타 발생, 고딘디엠 피살	
1963	말레이시아	말레이시아 건국	
1963	필리핀	마르코스 대통령 취임	
1964	베트남	통킨만 사건, 미군의 북폭 시작	
1965	베트남	미군 최초 지상군 다낭 상륙	
1965	인도네시아	콘프론타시, 싱가폴 맥도날드하우스 폭파	
1965	인도네시아	쿠데타 발생, 중국인 학살	
1966	인도네시아	수카르노 하야성명	
1967	동남아시아	ASEAN 창립	
1967	싱가폴	싱가폴, 말레이시아에서 분리 독립	
1968	베트남	북베트남 구정대공세 발발	
1968	인도네시아	수하르토 2대 대통령 취임	

1969	베트남	닉슨 독트린 발표
1970	캄보디아	론놀 쿠데타로 집권하다.
1972	필리핀	마르코스 계엄령, 집권연장
1972	세계	닉슨의 중국방문, 마오 면담
1973	태국	민중시위로 타놈정권 붕괴
1973	베트남	파리평화협정
1975	인도네시아	인도네시아의 동티모르 침략
1975	캄보디아	크메르루즈, 프놈펜 점령 집권
1975	베트남	북베트남군 사이공 점령
1976	태국	타마삿대학교 학살사건, 군부복귀
1978	캄보디아	베트남, 캄보디아 침공, 훈센집권
1979	베트남	중국-베트남 전쟁
1981	말레이시아	마하티르 집권
1983	필리핀	니노이 아퀴노 암살
1986	베트남	도이머이(혁신) 정책 선언
1986	필리핀	엣사 시민혁명으로 마르코스 축출
1988	버마	버마 8888사건, 네윈 은퇴
1989	베트남	캄보디아에서 베트남군 철수완료
1989	세계	베를린장벽 제거
1990	버마	아웅산수찌 총선승리, 군부 결과 불복
1992	태국	푸미폰국왕 수찐다, 짬렁 접견
1994	베트남	미국의 베트남 정부 공식인정 (엠바고 해제)
1997	캄보디아	훈센 친위쿠데타 라나리드 축출

1997	세계	아시아 금융위기 발생
1998	인도네시아	수하르토 하야 성명
2001	태국	탁신의 타이락타이당 총선 압승
2004	인도네시아	아쩨 쓰나미 발생
2006	태국	탁신 외유 중 쿠데타
2014	인도네시아	조코 위도도(조코위) 대통령 취임

우리가 몰랐던 동남아 이야기 – 제2권

펴낸날 2022년 1월 21일
5쇄 펴낸날 2025년 8월 28일

지은이 신일용
펴낸이 주계수 | **편집책임** 이슬기 | **꾸민이** 전은정

펴낸곳 밥북 | **출판등록** 제 2014-000085 호
주소 서울시 마포구 양화로 59 화승리버스텔 303호
전화 02-6925-0370 | **팩스** 02-6925-0380
홈페이지 www.bobbook.co.kr | **이메일** bobbook@hanmail.net

ⓒ 신일용, 2022.
ISBN 979-11-5858-847-2 (07910)
　　　979-11-5858-845-8 (세트)

※ 이 책은 저작권법에 따라 보호받는 저작물이므로 무단전재와 복제를 금합니다.